ちくま文庫

自分のなかに歴史をよむ

阿部謹也

筑摩書房

目次

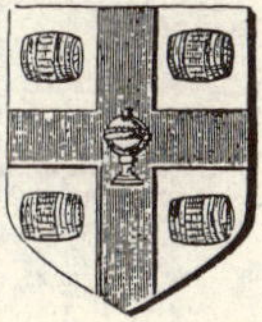

自分のなかに歴史をよむ

第一章
私にとってのヨーロッパ

上原専禄《うえはらせんろく》先生を訪ねた日のこと

大学二年生の秋のある日の午後二時ごろのことでした。私は吉祥寺にあった上原専禄先生の家の門の前まで来ていました。門をあけて中にはいる前に一呼吸したことを覚えています。当時私は教養課程の学生で、三年次のゼミナール（演習）に参加させていただく許可を求めに先生の家を訪ねたのでした。

今では名前を知らない人も多いかと思いますが、上原専禄先生は、かつては東京商科大学（現一橋大学）の学長をつとめられ、ドイツ中世史の権威として学界にゆるぎない地位を確立した学者でした。戦後は学問だけでなく、民主化運動の先頭に立ち、国民教育研究所の所長として、あるいは放送や新聞などでも大活躍をされていた人でした。

当時私は二十歳で、生まれてはじめて大学の先生の家を、しかも高名な学者である先生の家を訪れたのですから、門をくぐる前に一呼吸するのも当時の学生としては当然のことだったのです。

玄関の呼び鈴を鳴らしますと、奥様とおぼしき女性が出てこられて、すぐに着物姿の先生が玄関に出てこられたのです。写真で知っていた先生とまったく変わらぬお姿を前にして、私は頭をピョコンと下げ、「お手紙を差し上げた阿部です」とだけいいましたところ、先生は「たいへん申しわけないのですが、前の会議が長引いていてあと二十分ほどかかるのです。しばらく待っていただけますか」とていねいにおっしゃられました。

もちろん私は「はい」と答え、先生のあとについて部屋にはいりました。和室を二つつないだような大きな部屋に、七、八人の人がいたでしょうか。みな五十がらみのたいそう立派な紳士にみえました。

先生は私に席を示して座るようにいわれたあとで、すぐ左隣りの人を「こちらが東京大学の○○先生です」と私に紹介してくださったのです。するとその○○先生は立ち上がると「東京大学の○○です」といって私に頭を下げられたのです。私は驚く暇もなく立ち上がり、頭をピョコンと下げて、一瞬途方にくれてしまいました。すると今度はその隣りの人を「こちらが東京教育大学の○○先生です」と紹介され、その先生も立ち上がると、「東京教育大学の○○です」と私に向かってあいさつされたのです。

こうしたことがそこにおられた七、八人の先生方すべてについて行われ、全部終わったところで先生は私に向かって、「今は○○書店の○○学講座の編集会議をしているところで、今日は第〇巻の〜という問題について話をしていたところです。では議事をすすめさせていただきます」と私に向かっていわれたので、私はまた頭をピョコンと下げました。会議が進行している間、私は「これで儀式は終わったのか」という感じでやっと少し楽になってまわりを見回していました。

そこにおられたのはみな私も名前だけは存じあげていた先生方ばかりでした。それほど高名な先生方が一人一人、大学の二年生に向かって立ち上がってあいさつされたのです。私はただただ驚き、その場の雰囲気にのまれて何も考えるゆとりもなく、まわりを見回していました。大学の先生の家にはこんなに書物があるものなのかとか、大きなグランドピアノが部屋の真ん中においてあるのをただぼんやり眺めながら、とんでもない場違いなところにはいりこんでしまった感じで座っていたのです。

すると突然私の耳に先生の声が聞こえてきました。それまでの声は私には関係のないむずかしい議論だとばかり思っていたので聴いてもいなかったのです。「……とまあそんな問題については若い人の意見を聞いてみる必要もあると思うのですが、阿部君はどうお考えですか」と先生が私に向かってたずねておられたのです。

部屋中の人の目が私に集中していました。私にはなんのことかさっぱり解らずただ「解りません」と答えるしかなかったのです。すると先生は「そうですか」といって話を移されました。私は「ほっ」とため息をして、「これはえらいところに来てしまったな」という感じでした。

やがて会議は終わって先生と二人だけになりました。そのとき何を話したのかほとんど覚えていません。ただ、ゼミナールに入れていただくためには志望理由をドイツ語でレポート用紙十枚以内に書いてくるようにいわれ、私はフランス語しかできなかったのでフランス語でもよいという許可をもらって帰ったのでした。私の胸のポケットには先生に質問する事項がいくつか書いてしのばせてあったのですが、それを見るゆとりもありませんでした。茫然として夢見心地で先生の家を辞し、帰宅してからもしばらくぼんやりしていました。

私は大学にはいって二年近くの間、大学の講義にはほとんど失望していましたし、親しい友人はいましたが、何か心の中に求めているものがあってもそれがなんなのか解らないまま悶々《もんもん》としていたのです。そのために一人で秩父《ちちぶ》や南アルプスの山々を歩きまわっていました。

大学の二年間悩んでいたことがなんであったか本人にもよく解らなかったのですが、上原先生のお宅を訪ねて以後、私の生活は変わったのだと思います。少なくとも私は、おとなになるということはすばらしいことなのだな、と思ったからです。世間的にも高名な学者たちがただの大学二年生の前で対等な態度であいさつされただけでなく、まったくなんのわけへだてもなく会議に参加するよう促すという事態は、それまでの私には想像することさえできないことだったからです。少なくともここには私が理想とする人びとがいるとそのとき私は思いました。

学問にとりくむ姿勢

上原先生のゼミナールにはいってからのちも、その期待が裏切られることはありませんでした。当時は暖房に石炭をたいていたので、ゼミナールがはじまる前に係の学生が用務員室に石炭をとりに行くのです。用務員さんはどこのゼミですかと聞き、上原ゼミですと答えると、それではもう一杯あげようと石炭をたくさんくれたのです。私は上原先生は人望があるのだなと思いましたが、あるときそれがよく解りました。それはなんでもないことでしたが、上原先生が歩いておられたとき、用務員さんが用事があったらしく、先生に話しかけたのですが、そのときの先生の態度をみて感心してしまったのです。相手がだれであろうとまったく同じ態度で接しておられたのです。このようにいいますと温厚でやさしい先生を想像されるかもしれません。まったくそのとおりなのですが、学問についてはたいへん厳しい方でした。

ゼミナールの最中に研究室の電話が鳴ったことがありました。私がいちばん近かったので電話をとりますと、先生のお宅からで、急ぎの用事があるから先生に電話に出てくれるようにとのことでした。私がそのことを伝えますと先生はちょっと考えたあとで、「今はゼミナールの最中です。終わってから電話しますといってください」と私にいわれたので、私はそのとおりに答えましたが、そのときもなんと厳しい人だと思いました。

またある学生が卒業論文のテーマにドイツ詩人リルケを扱いたいといって、なぜリルケをとりあげるのか、自分にとってリルケはどのような存在なのかを詳しく説明したあとで、じつはドイツ語ができないので、翻訳で研究をしたいといったときにも先生は驚くほど厳しい態度で叱責《しっせき》されたのです。

「あなたがリルケに賭けようという気持ちはよく解りますが、そのような態度があるのにドイツ語ができないという些細《ささい》なことは問題にならないでしょう。リルケに賭けるといっておきながらそのような姿勢では、賭けようとする姿勢そのものも怪《あや》しく見えます」と厳しく指摘しておられたのです。

先生のゼミナールで勉強をした二年の間にいろいろ印象深いことがありましたが、二つほどあげておきたいと思います。それはある学生が三木清《みききよし》の研究をしたいといって、いろいろ書物をよんで卒業論文の報告をしたときのことです。先生は次のようにいわれたのです。

「あなたの報告を聞いているとまったくそのとおりだと普通なら思うでしょう。つまり、三木清の著作だけをよんでいればそうならざるをえないでしょう。でも私にはそれはまったく違っていると思われるのです。なぜなら私は三木清を知っているので、あなたの報告はまったく違うと思ってしまうのです。この問題をどう考えるかですね。書物を通して三木清の人間に迫らなければならないということになるのでしょうか」。このコメントを聞いていて私はむずかしいものだなと思い、今でもおりにふれてこのことを思い出します。

もうひとつは同じようなことなのですが、研究のあり方について先生が、「人物であれなんであれ、研究対象に惚《ほ》れこまなければ対象をとらえることはできないでしょう。けれども惚れこんでしまえば対象が見えなくなってしまいます。ですから研究者は、いつも惚れこんだ瞬間に身をひるがえして、現在の自分にもどってこられるようでなければいけない」といわれたことがあります。

そのときはなるほどと思って聞いていたのですが、よく考えてみると、とても私にはできそうもありませんでした。私は思いこみが強く、何かに惚れると夢中になって

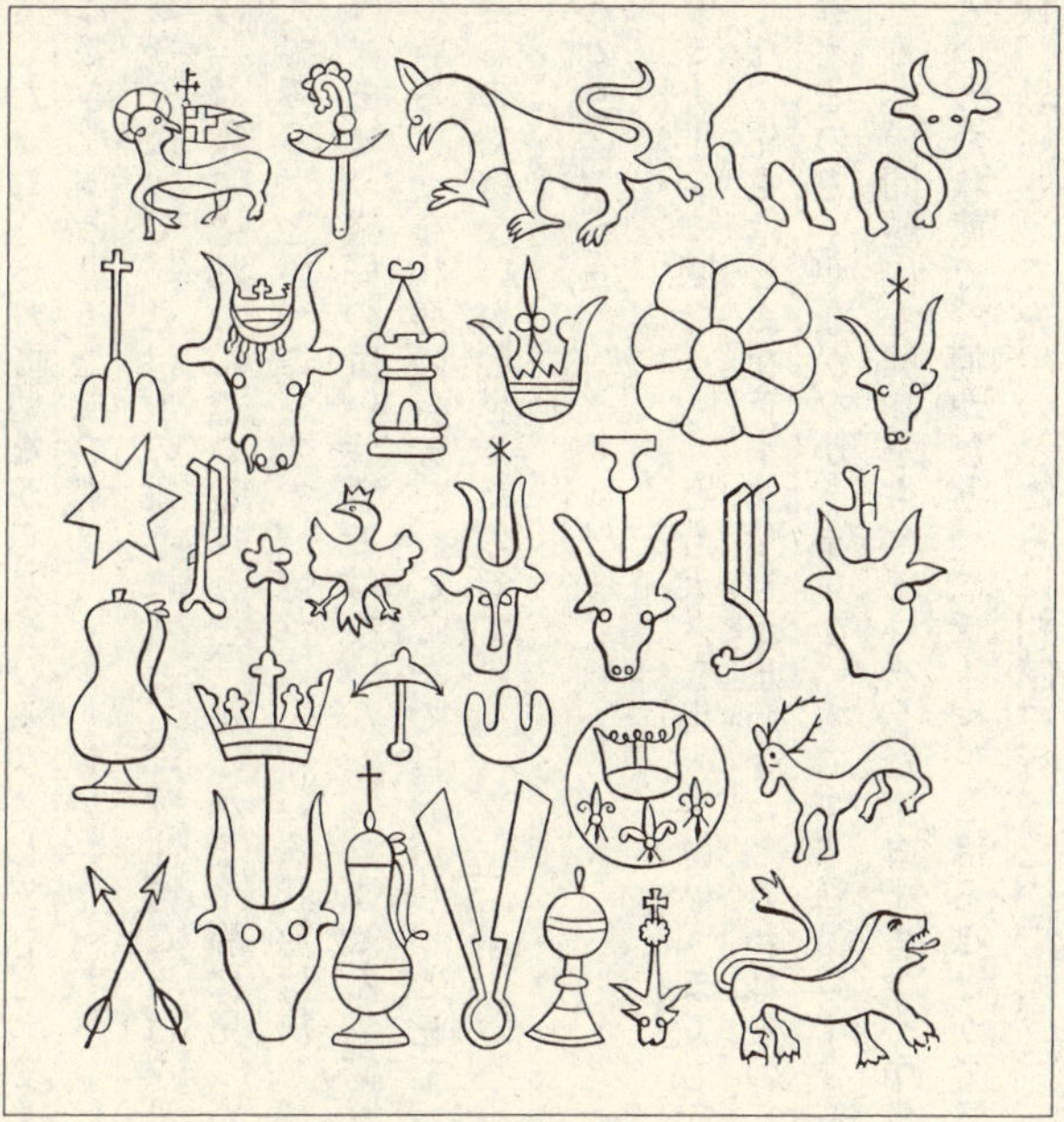

14、5世紀の透し模様のさまざま。

しまうたちでしたから、惚れていながら身をひるがえしてもどってくるなどということは、私にはできないと思ったのです。

そののちかなりたって、私は次のように考えて、先生のことばを私なりに解釈しました。それは「対象に惚れこんでみる」ということです。惚れこんでいる状態は決して見よいものではないでしょう。あまり格好のよい状態ではないかもしれません。惚れこんで周囲が見えなくなっているような状態の自分を、どこかで冷静に見つめているもう一人の自分を考えてみる。どこかで自分がじっと見ているということなら私にもできるのではないかと思ったのです。

生きてゆくことと学問の接点

二年間のゼミナールの間で、もっとも大きな出来事はいうまでもなく卒業論文の題目の決定でした。先生はどんなテーマでもかまわないといわれるので、みな一生懸命にテーマを考えるのですがなかなかきまらないのです。私はローマ帝国史に関心がありましたし、日本の問題にも興味をもっていました。ヨーロッパ中世の修道院にもひかれているといった状態で、何かひとつにテーマをしぼることができずにいたのです。そこである日、思いきって先生のところに相談に行ったのです。

今の学生ならかんたんに電話をかけて気楽に先生の家を訪ねるでしょうが、当時はそうはいきませんでした。なにしろ先生と私とは四十歳年がはなれていたのです。四十歳の年の違いというものはたいへん大きなものです。

あるとき先生がどこかで次のようなことを書かれていたのをよんで、私にもその距離がよく解ったことがありました。電車の中で先生の知らない学生が先生に声をかけて、「この間の講演を聞きましたが、あれは良かったですね」といったらしいのです。その点について先生は、近ごろの学生は目上の者と接する仕方を知らないと嘆いておられたのです。同じようなことをしかねなかった私は、なるほどそうかとひとつ勉強した気がし、先生と接するときの態度をあらためてふり返ってみたものでした。

ですから卒論のテーマの問題についてもあらかじめ葉書を出して、先生のご許可をいただいてからお宅に出かけていったのです。このときもじつはほかにゼミナールの卒業生がたくさん来ていて、私の知らない人たちばかりでしたが私も一緒になりました。みながなかなか帰らないのでつい私まで鮨《すし》をごちそうになり、みながようやく帰ったあと先生と二人になったという始末でした。

先生は長い時間待たせたことを詫《わ》び、二人で話しだしました。ところが先生は私がローマ史をやりたいといえば、「それは結構ですね」という具合で、特に反対もせず、かといってそれをやれともおっしゃってくださらないのです。いろいろ話をしているうちに先生はふと次のようにいわれたのです、「どんな問題をやるにせよ、それをやらなければ生きてゆけないというテーマを探すのですね」。

そのことばを聞いて、私はもうほかの質問はできなくなり、そのまま家に帰って白紙の状態でふたたび考えることにしました。

夜、公園のベンチに横になって一人で考えつづけ、三カ月ぐらいしてどうもそのようなテーマはなさそうだと思うようになりました。

私はそのころ母親ともはなれ、二人の妹と三人で暮らしていて、私が家計の実質的な責任者でした。幼いときに父を失った私たちは、母親一人の手で育てられたのですが、お金がないときはやむをえず私の書物を売って食費にあてたこともありました。残念なことに、古書店に行っても私に必要のない安い本は売れず、お金になるのは私が大切にしている高価な本だけなのです。

今でも残念に思うのは、マックス・ヴェーバーの『経済と社会』のドイツ語版と、ラテン語の辞書を売ったときです。一カ月後にその古本屋へ買いもどしに行きましたが、もうありませんでした。

このころ、翌日の朝食の用意をするお金がないと、私は二人の妹のことを考え、眠ることができませんでした。ですから何がなくても朝食の用意だけはして安心して寝ることにしていたのです。そのころ聖書に、「あすのことを思いわずらうな。あすのことはあす自身が思いわずらうであろう。一日の苦労はその日一日だけで十分である」とあるのをよんで、私はとうていイエスの教えるようには生きられないなと思いました。

かなりあとになってその話をある人にしましたところ、その人は、「あなたはイエスの次くらいですね」といって私をからかい、私も三十数年前の自分を思い出して、おかしくなって二人で笑ってしまったことがありました。でもそのころは笑い事ではありませんでした。

同じアパートに親戚の伯父《おじ》の一家が住んでいました。その伯父の部屋の前に何回も立ち、お金を借りようとして、ついに借りる勇気がなかったことを憶《おぼ》えています。私は思えばとても生意気な学生でした。母の長兄《ちようけい》がこの伯父の部屋を訪ねてきたことがありました。長兄はすぐに帰ったらしいのですが、あとで伯父が私に、「長兄は謹也《きんや》があいさつに来ないと不満そうだったよ」というのを聞いてカッとして、「未成年者が三人だけで暮らしているのを知っていて、《どうしているのか》と様子を見にくるでもないくせに、あいさつに来いとはどういうことですか。私たちはあなた方には何ひとつ世話になっていないのですから」と伯父にいってしまったことがありました。

今思うと恥ずかしいのですが、せいいっぱい頑張《がんば》っていたなとそのころの自分が少し可愛らしく見えるのです。ほんとうにお金がないと、家庭教師をしていた家の人から借りました。その人は私の窮状をよく知っていて、快く貸してくれたのです。その人とは今でも親交があります。

つい余計な話をしてしまいましたが、このような生活をしていましたので、私は「生きてゆくということはいかに食べるか」だと思っていたらしいのです。そう考えると、それをやらなければ生きてゆけないテーマはあるはずがないのであって、食物さえあればとにかく生きてはゆけると考えていたらしいのです。

しかしそれでは何も進みませんので、生きてゆくことと学問とをつなぐ接点を数歩後退して求めるために、何ひとつ書物をよまず、何も考えずに生きてゆけるか、と逆に自分に問いを発してみたのです。するとその問いには容易に答が出たのです。そんな生活はできないということが体の奥底から納得できたのです。

そういうわけで、「それをやらなければ生きてゆけないテーマ」を卒業論文でみつけ、それを扱うという結果にはなりませんでしたが、そのような方向で一生その問題を探しつづけるという姿勢のようなものはできたように思います。いわば、これが私の研究の原点であったといってもよいでしょう。

そのときほど真剣に考えたことはありません。答はだれでも知っている至極《しごく》当然のことにすぎなかったのですが、それを私は自分一人で考え、自分の体の奥底で納得したのです。

解るとはどういうことか

上原先生のゼミナールのなかで、もうひとつ学んだ重要なことがあります。先生はいつも学生が報告をしますと、「それでいったい何が解ったことになるのですか」と問うのでした。それで私も、いつも何か本をよんだり考えたりするときに、それでいったい何が解ったことになるのかと自問するくせが身についてしまったのです。そのように自問してみますと、一見解っているように思われることでも、じつは何も解っていないということが身にしみて感じられるのです。

「解るということはいったいどういうことか」という点についても、先生があるとき、「解るということはそれによって自分が変わるということでしょう」といわれたことがありました。それも私には大きなことばでした。もちろん、ある商品の値段や内容を知ったからといって、自分が変わることはないでしょう。何かを知ることだけではそうかんたんに人間は変わらないでしょう。しかし、「解る」ということはただ知ること以上に自分の人格にかかわってくる何かなので、そのような「解る」体験をすれば、自分自身が何がしかは変わるはずだとも思えるのです。

学生時代から今日にいたるまで、私は「解るとはどういうことか」という問題について考えつづけてきたといってもよいと思うのです。この問題についてひとつの答えが出たのは、もう三十代も後半のことでした。この点については第五、六章でお話ししましょう。

このようなわけで、私は大学では経済学部の学生でしたが、自然に歴史を勉強することになったのです。一橋大学には史学概論の講義もなければ、通論的な講義もいっさいなく、ラテン語、ギリシア語すら、当時は三年にならなければ受講できませんでした。歴史学入門というべきものは何もないのに、上原先生の講義とゼミナールだけで歴史学の道にはいることになったのです。

しかし、「それをやらなければ生きてゆけないテーマ」を探し、それを追求することが学問の出発点でなければならないのだといわれれば、まったくそのとおりなので、私はなんの疑問ももたず、ただひたすらその方向を目指して日々を送ろうとしていたのです。

ただし先生は、研究には手続きというものが必要だから、技術的な問題、たとえば語学の習得は自分でするようにといわれましたので、ラテン語のほかドイツ語も独習をはじめました。

当時ラテン語の専任教官がおらず、アテネ・フランセの大村雄治《おおむらゆうじ》先生が講師として来ておられました。最初は二十人ぐらいいた受講者も、秋ともなるとだんだんへっていって、ときには私一人ということもありました。そのようなとき先生は駅前のエピキュールという喫茶店でやりましょうといって、コーヒーとケーキをごちそうしてくれて、二時間ほどラテン語の演習をしたのです。帰りぎわに先生は、来週もここにしましょうといって、しばしばエピキュールで授業をしたのです。

一人で演習をするとなると問題を全部やらなければなりませんから、一週間でゼミナールの準備と両方しなければならないので、ときには間に合わないこともあって、そのようなときには先生に葉書を書いて休講にしてもらったこともあります。

大村先生はフランス語からラテン語にはいった方なので、辞書もギャフィオの羅仏《らふつ》を使いました。私は辞書をひいても解らないときは、ふたたび仏和をひくという二度引きをしながら、それでも二年目にはキケロの友情論、「アミキティア」などもよんでいました。

はじめの年にはシーザーの「ガリア戦記」をよんだのですが、私は大村先生に何度もこれはほんとうにシーザーが書いたとおりなのかたしかめました。大村先生は私の質問の意味がよく解らなかったらしく、不思議そうな顔をして、文字の形は活字ですから違いますが、シーザーが書いた文章そのままですといわれたのです。

私が気になっていたのは、現代語風に書きかえたものかどうかという点だったのです。つまり、シーザーが書いた文章がよめるということは私にはたいへんな驚きでしたから、ラテン語の時間は、一種SF的な興奮をそそる時間だったのです。もちろん活用も多くてむずかしいのですが、解読すればシーザーの同時代人になれるような気がして、ワクワクする思いでした。

上原先生から、卒業論文のテーマはまずできるだけ大きなテーマを選んで、そのうちの一部分、つまり小さなテーマにしぼって手をつけるようにとの注意をうけていましたので、私はヨーロッパの修道院を通してキリスト教を知るための手続きとして、ひとつのテーマをたてたのです。それがドイツ騎士修道会研究でした。なぜ修道院に興味をもったのかといいますと、私の中学生のときの体験についてお話ししなければならないでしょう。

第二章

はじめてふれた西欧文化

修道院での生活

中学生のころ私は家庭の事情で、カトリックの修道院が設けていたある施設に入れられていました。一家は四散《しさん》していたのです。敗戦直後のことで食糧事情が悪く、いつも塩味だけのオートミールに、さつまいもの茎の煮たものなどばかり食べて、文字どおり飢えていました。地元の中学に通っていたのですが、栄養状態が悪いので、階段を駆け上がることができなかったのです。

授業が終わって別の教室へ移動するとき、生徒がいっせいに階段を駆け上がってゆくのについてゆけず、手すりにつかまってゆっくり登ってゆくと、みなが駆け抜けたあとをやはりゆっくり上っている生徒がいて、おたがいに顔を見合わせると同じ施設の子でした。「いつもかゆじゃ走れないよな」などと二人で苦笑いしてゆっくり上ったものでした。このときの奇妙な連帯感は忘れがたいものでした。

この施設に義宮《よしのみや》が来たことがありました。私たちは一週間も前から部屋や廊下をピカピカにみがかされ、当日は廊下に整列して義宮を迎えました。車からおりた義宮はお付きの人とともに、私たちがピカピカにみがいた廊下になんのちゅうちょもなく靴のまま上がり、私たちには目もくれず、ただひたすらきめられたとおりに歩いているという感じで、前だけ向いて通りすぎていったのです。

廊下に靴で上がるなどということは厳禁されていましたから、ほかのおとなたちも靴で上がるのを見て、私たちはチクショーという感じで、自分たちが彼らとは別の世界にいるのかもしれないと思ったものでした。しかし義宮の訪問にはひとつだけ良いことがありました。昼食の時間になって食堂へ行き、みながびっくりしたのです。今までみたこともないご馳走が並んでいたからです。

義宮は食事をしている私たちのかたわらを、もちろんこちらをまったく見ずに通りすぎただけでしたが、友人の一人は大きな声で、「今日はすげえご馳走だな、毎日こうだったら良いのにな」といいました。私は勇気のある男だと感心したのです。このようなことはときどきありました。施設の長が来る日などもご馳走が出ました。しかしふだんは相変わらず塩味のオートミールだけだったのです。

このような生活のなかに、ある日私にとってちょっとした事件がありました。施設のすぐ下に戦争中に軍隊が掘った深い洞穴《どうけつ》があって、私たちはしばしばそこを探検して遊んでいたのです。

ある日その洞穴の中にはいってゆくと、ロウソクがついていて、ひげだらけの男が一人鍋から飯を食べていました。おそるおそる近づいた私たちに彼は話しかけてきて、やがて私たちは仲良しになったのです。その人は軍隊から帰ってきたばかりらしいのですが、近くの町にじつは家があるというのです。しかしどういう事情があったのか解りませんが家に帰るつもりがなくて、洞穴の中で暮らしているのだというのです。私たちは施設にあった工具やシーツやチリ紙などを盗んでは彼に届け、しばらく秘密に会っていたのです。やがて彼は私に明日から仙台に行く、もうここにはもどらないといいました。すこし淋しい気がしましたが、そうですかといって別れ、翌日穴に行ってみると彼が寝ていたところにへこんだワラの床《とこ》があるだけでした。

しばらくして中学校で親しくしていた友人になにげなくその話をしたところ、その夜八時ごろ、七、八人のおとなが私を訪ねて来たのです。洞穴の男は親戚の○○にちがいないから案内してくれというのです。私が、もう仙台へ行っていないよといっても、無理やり案内させられましたが、彼がいるはずもなかったのです。彼がどういう理由で家にもどらなかったのか知るよしもありませんが、なぜか忘れがたい雰囲気の人でした。

ヨーロッパへのあこがれ

私たちがいた施設には、しばしばカナダの司祭がジープに乗ってやってきました。

その司祭が、ある日突然私にジープに乗れというので、いわれたとおり乗りました。白い背広姿の青年司祭は、カラーが逆になっている以外はとても神父にはみえませんでした。

海岸通りを小半時《こはんとき》走って、別の町の修道院に着いたのです。そこで修道院のなかを案内してもらって夕食になりました。英語の会話でしたから、話はほとんどできませんでしたが、その夕食のご馳走にはびっくりしてしまいました。義宮が来たときとは比較にならないフルコースのディナーだったのです。特に最後に出たカレーライスの皿のように大きな皿のアイスクリームにはうっとりするほどでした。

その日はいったん帰ったのですが、その日から何度か連れてゆかれ、ある日そこに泊まることになりました。神父たちはみな気さくな人たちで、夕食後のひととき、いろいろな歌を教えてくれました。聖歌ではない民謡です。東欧系の神父がいて、シューベルトの歌曲と似かよった民謡もたくさん歌ってくれました。

夜中に目をさましてトイレに行き、ねぼけていたせいもあって、自分の部屋が解らなくなってウロウロしていたら、院長が出てきて、「何をしているのか」と聞いて、私の部屋まで連れていってくれたのです。その時院長は、右手に黒く光るピストルをもっていました。

その時はねぼけていて何も考えなかったのですが、あとになって、もし私が泥棒だったら、院長は撃ったのだろうかと考えると不安な気がしてきました。日本の僧侶が武装していた時代もありますが、現在日本の僧侶が武器をもっているとは考えがたいのです。

私はそのころカトリックにひじょうにひかれていましたから、まわりのすすめもあって、将来は司祭になろうと思いはじめていたのです。神父が何度も私を修道院に連れていったのは、そういう目的もあったらしいのです。

今から思えばフルコースのディナーだけでなく、そこの修道院の豪華な暮らしや、ヨーロッパの香りにあこがれて、私は司祭になる決心をしていたのかもしれません。天井の高い図書室で金文字の背表紙の本をひろげ、未知のヨーロッパ世界を自由に眺めることができるのは、敗戦直後の荒廃した生活のなかでは天国のようなものでした。

何よりも私は神父たちが通りすぎるときに、その服装からただよってくる香《こう》のにおいにひかれてもいたのです。敗戦直後の混乱のなかで、施設の貧しい生活から逃げ出すひとつの口実だったのかもしれません。なんといっても中学生ですから、それほど深く自分の将来を考えたわけでもなく、なんとなく司祭になろうと思っていたのです。

しかしこの夜の黒く光っていたピストルの印象は、あとまで強くのこっていたのです。

院長の態度はその後少しも変わることなく、みな私にやさしくしてくれました。特に記憶にのこっているのは台所の賄《まかな》いのおばさんでした。おとなばかりの修道院のなかでただ一人の子どもだった私を、ときどき台所に呼んではケーキをご馳走してくれたのです。そして、「あなたはいつか神父さんになるのですから、そのときには私がこうしてケーキをご馳走したことを忘れないでください」というのでした。その時の私にはその意味がよく解りませんでしたが、なんだか気が重い感じでした。

納得いかなかったこと

もうひとつ事件がありました。私たちが施設の、ある修道女（この人もよくこっそりとジャムをたっぷりぬったパンをご馳走してくれたのですが）と一緒に庭で遊んだり、掃除をしたりしていたとき蛇が出たことがありました。この修道女は、「蛇は悪魔なのだから殺していいのよ」といって自分で棒をもって蛇を追いかけまわしてたたいたのです。黒い修道女の服を着た女性が蛇を棒でたたき殺している姿を、今も目に浮かべることができます。

施設のあった丘のはずれにきたない小屋がありました。そこには靴直しのおじいさんが住んでいました。偏屈な人という評判で、カトリック信者なのにミサにもほとんど出席せず、神父や修道女の間で評判がよくありませんでした。でも私はなぜかこの人が好きで、いつもひまになると遊びにいったのです。

口数の少ない人でしたが、私には親切で、私たちが飢えていることをよく知っていて、遊びにいくと必ず何か食べものをくれたのです。でもそこで食べるのが目的でいったのではなくて、ただおじいさんの仕事をみているだけでとても楽しかったのです。みすぼらしい小屋でおじいさんはいつも腰かけたままで仕事をしていました。

このおじいさんが亡くなったのです。葬儀には私も参列しましたが、そのときの司祭のことばが私には不審に思えたのです。司祭や修道女から疎《うと》んじられていたおじいさんでしたから、ほめたたえることばがなくても不思議はありませんでしたが、そのとき葬儀をとり行った司祭は、「○○さんはこの世で必ずしも十分なカトリックの信者として暮らしたわけではありません。ですから彼の魂は今は煉獄《れんごく》にいると思います……」といったのです。

そのとき、はっきりことばで意識したかどうかは別にして、今そのときの私の感じをことばであらわせば、「おじいさんが天国にいるのか煉獄にいるのかは、神様でない司祭にどうしてわかるのか」ということでした。

私の目からみると司祭たちや修道女たちよりもずっと親しみのもてる、真実のもっている苦さをもかみしめているようなあのおじいさんが、煉獄にいるということは信じられないことでした。世の中に不満もあったろうし、修道女や司祭のこともときに批判していましたが、私にはその批判は納得のゆくものでもあったのです。あのおじいさんは日本にあるカトリックの修道院のいわばすみにいて、はみ出しそうな位置にいたためにいろいろなことが見えていたのではないかと思うのです。

このようないろいろのことがありましたが、そのころの私の生活様式ははっきりとした欧米風のものでした。ベッドに寝て、朝の祈り、夕べの祈り、日曜日のミサ、その他カトリックの行事の際には私たちも参加したのです。

ミサの侍者《じしゃ》をつとめていた私は赤いスカートに白い上衣《うわぎ》の式服を着て、まず準備室で香をたき、それを前後に振って火を燃してから司祭とともにひざまずいて祈り、そののち長いロウソク点火用の棒をもって祭壇の前に出ます。祭壇の左右にたくさんあるロウソクのうち、左側の祭壇寄りのロウソクから順に火をつけるのですが、背が低かった私は、あやまって花がいっぱいいけられた花瓶を倒してしまうこともしばしばで、ミサに集まった人びとはみな、あーと声を出すほど、大きな花瓶が祭壇の上に倒れ、白い布でおおわれた祭壇が水びたしになるのでした。

修道女たちが三、四人大あわてで出てきて、右往左往してふきとったり花をたてなおしたりしたのですが、私にはすることがないので、そのままましてて控え室にもどり、そこから様子をみているだけでした。なにしろ聖なる儀式をとり行う司祭の侍者なのですから、だれも決して叱ったりはしないので、もとよりわざとやったことは一度もないのですが、なんとなくおかしい感じで右往左往する修道女たちをみていたのです。

聖父《ちち》と聖子《こ》と聖霊《せいれい》の御名《みな》においてインノミネ　パトリス　エト　フィリイス　エト　スピリトゥス　サンクトゥスではじまるミサのなかで私はすべてラテン語で答え、最後にはまた祭壇のロウソクを消しにゆくのです。私はミサの侍者をつとめるのが好きでした。ひざまずいたり、立ったり、福音書を運んだり、ラテン語で答えたり、けっこう忙しいのですが、なんとなくあのおごそかな雰囲気が気に入っていましたし、みなが声をそろえて歌う歌ミサはほんとうにすばらしいものでした。女性はみな白いヴェールをかぶっていましたから、その場ではふだんの顔を隠して神の信者になったような印象でした。

ドイツ的なものと日本的なもの

また修道女にも私はあこがれをもっていました。修道女にもいろいろな人がいて、

クローヴィス王の洗礼。15世紀の絵画から。

若い人から年輩の人までさまざまでしたが、私が遠くからあこがれていた修道女がいました。ある日教会の外で白い紙を一枚拾ったのです。なにげなく開いてみると小さな字が鉛筆でびっしり書かれていて、よんでみると、その修道女が告解《こっかい》のために書いたメモでした。

私はよんではいけないものをよんでしまったと思い、すぐにくず箱に捨てましたが、内容は全部よんだのです。そこには中学生の私には想像もつかないようなおとなの女性の罪の意識と、その告白が書かれていました。私は黒い修道女の服の中にも、普通の人間の肉体があるのだということをはじめて感じ、以後その修道女とすれ違うとき、なんとなく目をふせ、胸がドキドキしたものでした。

私が住んでいた施設は、ドイツ系の修道院が経営するものでしたから、内容、実質はともかく、ドイツ風の合理主義が貫かれていました。けれどもそこで働いている俗人も修道女も、ほとんどが日本人でしたから、ドイツ風の合理主義を核としたカトリックの制度として現れているものの内側に、それとは必ずしもあい入れない日本的な要素が顔をのぞかせていました。

子どもには理屈は解らなくても、そうしたゆがみは容易に見えてしまいます。何が日本的で、何がドイツ的なのか、当時からはっきり解っていたわけではありません。

ただカトリックの教義を説く人のことばと行動の間に、何かギクシャクしたもの、本物でない偽りの形があることを感じていました。

例えば、日本人の寮長でまだ若い独身の男性がいました。彼は信仰が厚いという評判で、院長のご指名で突然私たちの寮の長に任命されてきたのです。夕べの祈りがすんでそれぞれが部屋にもどったあと、彼は一人で礼拝堂にのこっていました。だれかがのぞきにいったところ、彼は両手をあげて祈っていました。両手をあげて祈るという形は中世カトリック以前の、古代キリスト教の祈りの形ですが、彼はそんなことを知るよしもなく、苦行のひとつとしてやっていたのです。

私たちは交替でのぞきにいっては、いつまでつづくやらといった感じでせせら笑っていました。案の定、私たちがのぞいていることに気付くと祈りをやめ、叱りにやってきたのです。一事《いちじ》が万事《ばんじ》杓子定規《しゃくしじょうぎ》な人であまり好かれていませんでしたが、院長は彼がお気に入りで、かなりの権力をもっていたのです。

院長の誕生日にみなでプレゼントをすることになり、彼が全員に絵を描くように命じたのです。私はいまもそうですが絵が下手で、絵を描く気になれませんでしたから描かずにいました。彼は部屋にやってくると私の机の上に白紙があるのをみて、いきなり平手でびんたをくらわし、「おまえは院長様の誕生日を祝わないつもりか」と叱るのです。「院長様の誕生日を祝うのに絵を描かなければならないということはないでしょう、僕は院長様のためにお祈りをします」といったら、にらみつけてもどってゆきました。そのときもその前も私はエセ信者め、と思ってみていたのです。

たくさんの課題を背負って

こうしたことがありましたが、私は修道院という組織は気に入っていました。生活のすべてにわたって絶対のものとして信仰が正面に打ち出され、それにみなが従っているという組織ですから、あいまいなものや話し合いで解決するということはなく、何事もほとんどきまった規則で律せられていたのです。

何が正しく、何が間違っているかがはっきりとした社会でした。少年の目にはそれは世界がよくみえるということを意味していましたから、その生活にあきたらず、そのなかでもっとよく世界をみようとすれば、あとはローマ教会とのつながりのなかにはいってゆくしかないようにみえたのです。

なぜなら、ふだんはすべてが修道院のなかで完結しているようにみえたのに、大司教が来ることになると院内は大騒ぎになったからです。一つの完結した組織であるようにみえていた修道院が、じつはローマという、より大きな権威に服していることがそのようなときはっきりみえたのです。大司教は私たちとは一段違った人のようにもみえたのです。

こうして私はカトリック的世界のなかにどっぷりつかっていたのですが、他方で私は普通の中学校へ通っていましたから、日常の生活が二つの異なった世界に分かれていたことになります。

あるとき、中学の国語の時間に上田敏《うえだびん》訳のブラウニングの有名な詩が出てきました。

……
揚雲雀《あげひばり》なのりいで、
蝸牛《かたつむり》枝《えだ》に這《は》ひ、
神、そらに知ろしめす。
すべて世は事も無し。

で終わる「春の朝」という詩でしたが、あてられた一人の女生徒が、「詩の前半は自然の描写だからよいとしても、最後にいきなり神がでてきてすべてを支配しているかに書いているのはとてもいやらしいと思います」と話して私をびっくりさせました。

私たちとはまったく異なった感じ方をする人もいるのだな、とこのとき感じたのですが、その感じはこのときがはじめてではなく、ふだんからうすうす解っていたことでした。

中学では、私はできるだけ自分の身の回りのことや施設のことは話しませんでした し、知っている人はいたとしてもあまり問題にもならず、一年ほどしかいませんでしたが、無事に通学していました。けれども他の中学生と自分とは、どこか居場所が違うという意識をつねにもっていたのです。ひとつには、親と一緒に暮らしていないことからくるある種のひけ目があったからだと思います。

かなりのちになって、私の親戚の人が同じような施設の長をしていて、私に、「自分の施設では、日本の平均的な家庭より良い服を着せ、食事もずっと良い」と自慢したことがありました。そのとき私はおとなげなくも、つい一言反論してしまったのです。

「どんなに良い服を着せ、良い食事を出しても、施設は家庭の代わりにはなりませんよ。ひとつの例をあげれば、学校から帰ってお腹《なか》がすいているときに、家庭なら「お母さん何かない」といっておやつをもらうことができます。それができないのが施設なのです。この違いは決定的ですよ」。

その人は黙ってしまいましたが、私は今でもそう思っています。

そのうち、母が独立して一軒かまえたから帰ってくるようにといってきました。私はいろいろ悩んだのですが、思いきって東京に帰ることにしました。東京の友人たちと話をしていると、私は公教要理の勉強しかしていないのに、彼らはもう志望する大学まで考えていて、私は自分がずいぶん特殊な道に迷いこんでいるように思ったからです。

修道院の生活は短い期間でしたが、私にはひじょうに重大な体験でした。そこで私ははじめて西欧文化にふれ、キリスト教に接し、その中心となる修道院の内部でも暮らし、そこでの生活と外の生活との違いを感覚の次元でうけとめていたからです。私は背負いきれないような課題を背負ったまま、しかし解放されたという自由な気分で、修道院を出て東京にもどったのです。

第三章

未来への旅と過去への旅

ヨーロッパが解るとはどういうことか

卒業論文に話をもどしますと、私が研究しようと思っていたのは、「ドイツ騎士修道会」という組織でした。なぜこの組織を選んだのかといいますと、これは十字軍のときに生まれた組織で、修道団体でありながら、同時に戦闘集団でもあって、聖と俗との中間にあるように思えたからです。あとからつけた理屈になりますが、中学生のとき、修道院の院長が夜中にピストルをもって見回りをしていたことと、どこかで関係があるかもしれません。

私はこの組織の全体を明らかにすることを通じて、ヨーロッパという世界を明らかにしたいと思ったのです。問題はその方法でした。一一九八年に成立して、一五二五年には大部分の土地を失いながら、今でも制度としては存続している「ドイツ騎士修道会」という組織を、どうやって明らかにすることができるでしょうか。私は、当時日本の西洋史学会で中心的な位置にあった高名な先生たちの論文や著書を、つぎつぎによんでみました。

それぞれ立派な業績なのだと思いますが、私の関心にこたえてくれるものはなにもありませんでした。私が知りたかったこと、それは大まかにいってしまえば、私が短い間でもそのなかで暮らした西欧的な社会（修道院という人間集団）と、日本の社会との違いがどこにあるのか、ということですし、修道士である人びとがなぜ武器をもったのかということですが、このような問題を論じた書物はいくらでもあるのです。

聖地を解放するために聖職者まで武器をとったのですといわれれば、「ああそうですか」というしかありませんが、それでは、「祈る人、戦う人、働く人」の三区分はどうなったのかといいたくなります。キリスト教信仰と戦闘とはどう結びつくのか、「汝《なんじ》殺すなかれ」と説いたキリスト教の、しかも修道士が堂々と人殺しをする十字軍とは、いったいなんだったのかと聞きたくなります。

その問いにはいろいろ答が出されているのですが、現代の修道士が武装していることの理由はどんな本でも答えてくれないのです。この問題は過去の十字軍の問題ではなく、現在の西ヨーロッパ・アメリカと日本の違いの問題であるからです。

西欧と日本というテーマは、明治以来の日本人にとっては大きな課題でしたから、数えきれないほどの研究論文や著書があります。そのどれもが私には不満足だったというわけではないのです。それほどたくさんよんだわけでもありません。ただ私は自分が知りたいことを自分で知ろうとしたにすぎないのです。

ここで二一頁で話したことがふたたび問題になります。つまり、ヨーロッパの何がどのように明らかになったときに、私たちはヨーロッパを理解したことになるのかという問題です。

その問題をドイツ騎士修道会に即して問うてみますと、制度としてこの組織がいつ生まれたかとか、どのような歴史的条件の下で成立し、どのような活動をし、どのようにして変貌していったかが明らかになったとしても、私たちは何も解ったことにはならないということになります。その程度のことなら、すでにドイツ語や英語の本があって、それをよみさえすれば知ることはできるのです。

では、いったいドイツ騎士修道会史の何が明らかになったときに、ドイツ騎士修道会が解ったことになり、ひいてはドイツ騎士修道会を通してヨーロッパが解ったことになるのか、この問題が私にとっては最大の問題で、大学を卒業して大学院にはいってのちも、この問題をいつも考えつづけていました。

現在とは何か

この問題の答は大学院の学生時代には十分な形では出すことができず、いくつかの道を発見しただけでしたが、その過程で私は何人かの人に出会いました。

その一人はゲッチンゲン大学の教授ヘルマン・ハインペルです。ハインペルの名前

聖処女マリアと幼児イエス。15 世紀の木版画から。

は学部の学生のころから知っていました。上原先生がゼミナールのテキストにハインペルの論文、「人間とその現在」を使ったからなのですが、この論文は短いのにたいへんむずかしく、学部学生のころは十分には理解できませんでした。

私たちには、現在ということばを比較的安易に使う傾向があります。ゲンザイと片仮名にしてゆっくり発音してみますとすぐ解るように、このことばそのものが、発音した瞬間に一語ずつ過去になってゆきます。数学的な点として現在を考えても無意味なことはだれにでも解るでしょう。

では、数学的な点としてでなく、一般に使われている意味で現在というとしたら、そのことばにはだれもが客観的に認めざるをえない正確な内容があるのでしょうか。現在の基準を、今日《きょう》という日におけば昨日《きのう》はもう過去になりますが、基準を今年におけば昨年が過去になります。現在という基準はきわめて相対的なものなのです。ところが歴史の研究は現在からはじまらなければなりません。現在がどこまでさかのぼるかがはっきりしていなければ、過去との関係もはっきりしないからです。

この問題は現代ということばにいいかえてみればもっとはっきりするでしょう。現代の世界ということばを私たちはしばしば使いますが、その内容は人によってさまざまなのです。日本の現代史がいつからはじまるとみるのか、学者によって意見は分かれるでしょう。第二次世界大戦後から現代がはじまるとみる人が多いでしょうが、オイル・ショック後とみる人もいるかもしれません。明治維新以後が現代史だという人もいるかもしれません。

このように現代ということばには絶対的な基準はないのです。そうだとすると、中世、古代という過去についての時代区分がもっとあやふやなものだということはすぐに想像できるでしょう。そこでハインペルは現在ということばの内容を分析しようとします。

ここでハインペルが考えたことは私には画期的なことだったと思うのです。

日本の歴史家には、歴史というものを自分の外に流れてゆく時間や物事、そして社会の動きとしてとらえようとする傾向があって、自分の意識や存在そのものが歴史のなかにあるということをきちんと把握し、分析した人はひじょうに少なかったのではないかと思うのです。

ところがハインペルは、自分の意識や外の世界を見たり、分析したりするときの目が、はたしてすべて現在の目であり、意識であるといえるのだろうかという、ひじょうに本質的なところから問題を出しているのです。ですからひじょうに高級にみえる問題である時間の問題でも（時間とは何かを考察する時間論は、アウグスチヌスから、新しいところではフッサールまで、長い研究の歴史があるのです）、私たちの身近なところから分析しようとしているのです。

私たち個人の毎日の生活を思い起こしてみますと、だれでも現在を計る基準として、中学にはいってから何年とか、引っ越しをしてから何年、あるいは幸せな結婚生活を送っている人なら、結婚してから何年というふうに、現在を計る基準をもっています。その基準は個人ごとに、あるいは家庭や集団ごとに違っています。いわば人によって、家庭によって、さまざまな現在の意識があるといってよいでしょう。

同じことが国家や民族についてもいえるのです。フィリピンの多くの人びとにとっては、アキノ政権が生まれてからが現在でしょうし、イラン・イラクの人びとにとっては、イラン・イラク戦争がはじまってからが現在でしょう。ソヴィエト連邦においては、かつては一九一七年の革命が現在のはじまりととらえられていましたが、刻々と変わる政治情勢のなかで、今ではゴルバチョフ政権のペレストロイカを現在のはじまりとみている人も多いでしょう。

このように国ごとに、あるいは国のなかでも集団ごとに、民族ごとに現在は違った形で受け取られているのです。ところが、もし全面核戦争の脅威が迫っていることが明らかになれば、個々人のさまざまな現在も、国ごとや民族ごとに異なった現在も、一瞬のうちにひとつにまとまり、地球上のひとがみな同じ現在を意識して生きることになるでしょう。

実際ドイツでは、第一次世界大戦がはじまった一九一四年八月一日には、開戦の知らせを聞いて見知らぬ者同士が街頭で抱きあったのです。このとき見知らぬ人びともひとつの現在を生きていたといってよいでしょう。ところが戦局が進むにつれ、人びとはバラバラになり、共通の現在の意識はうすれてゆくのです。

過去にも未来にも規定される現在

このようにみてくると、国や民族の全体に大きな影響を与えた大事件や革命などが現在の出発点をなすといえそうですが、それだけではないのです。現在というからには、そのなかで使われていることばは、少なくとも同時代人である私たちすべてに理解できるものでなければなりません。

新しいことばが若い人びとの間で流行したとき、親や年輩の人びとはそのことばが通じないと軽いショックを受けます。ただ世代のギャップを感じたというだけでなく、ことばが通じなくなるかもしれないという恐怖があるからで、時代の違いを感じとってしまうからです。なぜなら、ことばが通じることこそ、現在という共通の時代を生きている同時代人のあかしだからです。

ですから、明治維新が日本の現在のはじまりであるということはこの点ではむずかしいでしょう。中江兆民《なかえちょうみん》の『三酔人経綸問答《さんすいじんけいりんもんどう》』は、現代日本語に訳されなければならなくなっているからです。こうして翻訳しなくても理解しうる生活の範囲が現在だということもできるのです。

ところがよく考えてみますと、私たちが日常生活を送るなかでなにげなくしている行為や行事が、現在だけのものであると必ずしもいいきれないのです。

たとえば道で煙草をすおうとしてマッチがないとき、通りすがりの人に「すみませんが火を貸してくださいませんか」といえば、たいてい気軽に貸してくれるでしょうし、マッチで煙草に火をつけてくれたあとで、「ではいつ返してくださいますか」と聞く人はまずいないでしょう。ところが、電話をかけようとして十円玉がないとき、通りすがりの人に借りるとしても、返す約束をしなければ借りられないのです。

ではなぜ火ならよいのでしょうか。いろいろな考え方があるでしょうが、石器時代に人間が火を聖なる共有物とみなしていたことが、私たちの意識の奥深くでいまも生きていて、火を貸すことは人間としての当然の義務だと考えているのかもしれないのです。

このように考えてみますと、私たちは現在に生きていながら、私たちの振る舞いや使っていることばその他のなかに、数えきれないほどの過去がしのびこんでいることに気付くのです。ことばはいうまでもなく過去から私たちに贈られたものですから、ことば本来の意味を探ってゆくと、遠く古代にまでさかのぼることばはひじょうに多いのに、私たちはそのことに気付かずに使っているのです。

旧暦のお盆のころになると、数百万人にのぼる日本人が故郷へ帰ります。一応墓参りをするためとなっています。墓参りとは死者と会い、死者と交流することでもあります。現在都会で忙しく暮らしている人は、人間は死ねば無にかえってしまうと理屈では考えているかもしれませんが、現実にそのように考える人でもお盆に里帰りをするとき、死者と出会う機会を自らつくっているのです。

私たちの意識の奥底に過去がしのびこんでいるのです。年中行事のひとつの正月も同じです。誕生日を祝うということも過去の再現にほかならないでしょう。毎年誕生日がめぐってくるとき、人びとは今日この日に自分が生まれたのだといいます。抽象的な数の流れとして年月を考えればそんなことはありえないことなのですが、日本人の意識の中では三百六十五日が単位となって、一年たってふたたびまた新しい一年がくり返すという考え方があるので、このように考えるのでしょう。

私が幼いころ家に一冊の書物がありました。それは上段が絵で下段に説明があり、一年間の一日一日が歴史のなかでどのような日であったかを説明した書物でした。その『日本国史《こくし》絵物語』はこのような考え方をたまたま日本史全体にひろげて、今日は歴史上のなんの日かを示そうとした書物でした。今日は私の誕生日ですということはだれでもいえます。正確には誕生日から何年目かなのですが。

しかし、日本史のなかで今日が何々の事件があった日だということには重要な問題があります。なぜなら過去数千年の歴史のなかで、数千以上の数えきれないほどの出来事がこの日に起こっているのですから、そのなかからなぜこの事件だけを今日起こったこととして回想するのかという問題があるからです。

神社の祭礼に私たちもしばしば出かけます。あれは現在の出来事ですが、じつは過去に起こった事件を想起し、現在の出来事のなかに組みこもうとする試みなのです。いわば過去を現在にするための行事です。お神輿《みこし》をかついでわっしょいわっしょいとかけ声をかけたり、縁日《えんにち》で玩具《がんぐ》やワタ菓子を買った記憶はだれにでもあるでしょう。

しかしあの祭礼が過去を現在にひきもどすための行事なのだということはあまり意識されていないように思えるのです。創立記念日となるともっとはっきりしています。過去に起こった事件を思い起こし、それを現在のものと意識しようとするところから創立記念日が生まれるのです。

ヨーロッパでもまったく同様です。たとえばキリスト教のミサとは、イエスの一生を、とくに十字架上の死を中心として再現し、パンはイエスの肉となり、ブドウ酒は血となると理解され、イエスの死と復活を現在に再現しようとする儀式です。いわばミサそのものが現在化された過去なのです。

このように考えてくると、現在と過去とをはっきりと区別することがむずかしくなります。いわば現在は過去によって規定され、現在の足もとには過去が流れこんでいるからです。

しかしながら、現在を規定しているものは過去だけではないのです。未来もまた現在を規定しています。将来の計画をたてて現在の生活を営む人、受験勉強のために遊びをひかえ塾通いをする人、あるいはもっと大きな計画の準備をするために今日の生活をおくる人たちは、未来によって現在を規定しているのです。

このように考えてきますと、現在はきわめて複雑にみえ、現在とは何かという問いに明確に答えられないように思われるかもしれませんが、どんなに過去に規定され、未来に規定されようとも、現在は現在であるということもできます。私たちは過去がどうであれ、あるいは未来がどうなろうと、おいしいものを食べれば楽しく、美しい音楽を聞くと心が安らぎ、友人とともにいるときに幸福を感じます。一回限りの生命をうけ、現在生きていることは確かなのですから。

ここでこれ以上くわしくハインペルの研究を紹介することはできませんが、ハインペルはこのような考え方にたってすぐれた仕事を発表しています。

ハインペルの歴史意識

ところで、ハインペルはこのような歴史意識をどのようにして身につけていったのでしょうか。ハインペルの自伝ともいうべき『小さなバイオリン』という書物があります。そのなかでハインペルは、自分の幼年時代にどのようにして歴史意識がつくられていったのかふりかえっているのです。そのなかから私の記憶にのこっている話をいくつかとりあげてみましょう。

ハインペルの父はシーメンスという大会社の技師で、大都会のミュンヘンで暮らしていたのですが、祖父母は南のボーデン湖畔のリンダウに住んでいました。幼いハインペルはリンダウを訪ねたとき、リンダウではミュンヘンとは時間が違うということに気付いたのです。

私たちはなんとなく、時間だけはすべての人に公平に流れてゆくと考えています。

一応そのようにいってよいでしょうが、それは時間を数量的にとらえればそうなるということであって、時間を人間がどのように意識しているのか、という点からみると異なってくるのです。

リンダウはボーデン湖につき出した小さな島のような町で、美しい石畳《いしだたみ》の中世の面《おも》影《かげ》をのこしているところです。そこに中世そのままにみえる建物があったから、ハインペルがリンダウの時間はミュンヘンと違うと感じたのではないのです。リンダウの人たちの生活のリズムが、ミュンヘンの市民のリズムとは違うということをいっているのです。

チベットの巡礼は片道十四年、往復二十八年かけて聖地を訪れます。ただ歩いてゆくのではないのです。五体投地《ごたいとうち》といって、全身を地面に投げ出し、身長分だけ進み、そこで祈りをささげ、また全身を地面に投げ出すという進み方で、全身傷だらけになって二十八年間歩きつづけています。このような人にとって時間は、私たちが時計を使って計る時間とはまったく異なるだろうということはすぐにお解りになると思うのです。

時間意識は、人間が周囲の事物とかかわるかかわり方のなかで生まれてくるものなのです。今の私たちはすべてを時間できめています。授業時間は四十五分とか六十分というようにきまっていますし、試験も一定の時間のなかでの成果を問うものになっています。

しかし、中世の人びとにとって時間はかなり違っていたのです。狩人にとっては獲《え》物《もの》をつかまえるか、逃げられたときが狩りの終わりの時間でした。五時だからやめよう、などという考え方は、歯車時計が普及するまではなかったのです。時間が事柄をきめるのではなく、事柄が時間の枠《わく》をきめたのです。

第一次世界大戦の敗北が伝えられたとき、ハインペルは十七歳でした。彼は祖国の敗戦に衝撃をうけたのですが、そのとき、ミュンヘンのオペラ座では「魔笛《まてき》」が上演されていたのです。このことにもハインペルはたいへん強い印象をうけました。祖国が破れたのにオペラ座では「魔笛」が上演され、立派な服を着た紳士淑女が観劇していたのです。ハインペルは共通の現在のなかに、さまざまな現在があることを感じとったのだと思います。

学問とは自覚的に生きること

ハインペルは幼いころの体験のなかに自分の歴史意識の根があると考えているように思います。二十代までの体験は、ある意味でその人の人生の前半を規定してしまう

狩りの一場面を描いたタピストリ。

からです。けれどもただ体験したということだけではそれを積極的に生かすことはできません。体験を対象化してとらえる意識と、幼いころの感受性を大切にする気持ちがなければならないのです。

私も幼いとき、季節が移り変わるということをはじめて知ったときの強い体験があります。四、五歳のころ、私は鎌倉の由比ヶ浜《ゆいがはま》に住んでいました。海の近くの家で、今と違って松林《まつばやし》を通りぬけるとすぐに砂浜でした。夏になると私は毎日ビーチパラソルをもち、水着の上にタオルの上衣をひっかけて、サンダルで海に出かけ、一日中泳いだり、砂遊びをして過ごしていたのです。

ある日のことです。もう何日も海に行っていないことに突然気付いたのです。母に「どうして海へ行かないの」とせがんだのですが、「海はもうおしまいなのよ」といってとりあってくれません。私は海がなくなるはずがないと思って、さんざん駄々《だだ》をこねたのです。すると縁側《えんがわ》で新聞をよんでいた父が、「仕方がない、連れていってやり」といってくれたのです。

母親はブツブツ文句をいっていましたが、私はうきうきしていつものいでたちで出かけていきました。ところが松林を過ぎてもどうもあたりの様子が違うのです。いつもなら森永や明治のフルーツパーラーの色とりどりの小屋や、ゲームをする人びとのざわめきが聞こえるのに、みょうに静かなのです。砂浜に出てみて、あっと思いました。つい先日までいっぱい並んでいたよしず張りの小屋が一軒もなくなって、広い砂浜と海が広がっているだけで、泳いでいる人もほとんどいませんでした。

それだけではないのです。海から強い風が吹きつけていて、砂がとばされて足にあたり、とても痛いのです。私は母のスカートのうしろに隠れて、「痛いよ、痛いよ」といったことを憶えています。しょげかえって松林をすぎてもどりました。私はこのときの砂の痛さで、季節というものが移り変わるのだということを体で知ったのだと思うのです。

一見、なんでもないようなことのなかにいろいろな意味をよみとれることがあって、幼いころの体験はそれだけ深く体のなかに刻みこまれるのです。

あるとき父の部屋で父が客と話をしている声が聞こえました。たしかに父の声なのですが、いつもと違うのです。話している内容もよく解らないのです。父は四国の高松の出でしたから、同郷の人が来ると高松のことばで話をしていたのですが、幼い私にはほとんど理解できませんでした。部屋から出てきた父はいつもと変わらぬ父でしたが、私はまったく別の人が父のなかにもう一人いるような気がしたのです。

一人の人間がある時代に生きているということはどのようなことなのでしょうか。

今までの話をまとめると、人は過去に規定され、未来への意志によって規定されながら現在を生きていることになります。一人の人間の生きた証しとしての作品を考えますと、一人の人間が作品を書くということは、これまでの話のつづきの中ではどのような意味をもつことになるのでしょうか。

作品を書くといったほうが解りやすいからそういうのですが、作品を書かなくても、生きるということの中身は多分同じでしょう。学問の意味は生きるということを自覚的に行う、つまり自覚的に生きようとすることにほかなりませんから、作品とは無関係でもよいのです。生きるということを自覚的に行うためには、二つの手続きがどうしても必要だと私は思います。

過去との絆《きずな》

ひとつは自分のなかを深く深く掘ってゆく作業です。若い人には掘るべき過去も内容もないと思う人もいるかもしれません。しかしそのようなことはないのです。どんな人でも自分が自分であることが解ったときから、つまり、ものごころがついたときから、自己形成がはじまっています。学問の第一歩は、ものごころついたころから現在までの自己形成の歩みを、たんねんに掘り起こしてゆくことにあると思うのです。

　それは身のまわりに起こったことのすべてと自分との関係を、いつごろからどのように気付いてきたのかを思い出すことからはじまります。私は季節の移り変わりをいつごろどのように自覚したのか自分の例をお話ししましたが、それは今から振りかえってそういえるわけで、あのとき季節ということばを用いてそのような表現ができたはずはないのです。子どものころの体験を現在整理するとそうなるということです。

　ではそれは、子どものころの体験そのままを伝えていないではないかといわれるかもしれません。たしかに私は海が終わってしまったことを、このときはじめてはっきりと知りました。風にとばされてきた砂の痛さは今でも記憶しています。ただそれだけのことでした。しかし次の年、私は夏の終わりをだれに何もいわれなくても知っていました。そして今になって、あのころに私は、はじめて季節に終わりがあることを知ったのだなと整理をするのです。

　それはいわば私を歴史的に掘り起こす試みでもあります。過去の自分の行為はただの駄々をこねた子どもであったにすぎないのですが、それを現在整理すると、私の体験が経験になってゆく重要な過程であったというふうに整理されるのです。

　私は歴史研究は基本的にはそのようなものではないかと考えています。過去の自分を正確に再現することだけでなく、現在の時点で過去の自分を新しく位置づけてゆくことなのです。自分の例は出しにくいのですが、この点についてソヴィエトの文学者ミハイール・バフチーンという人がすぐれたことをいっていますのでお伝えしたいと思います。

バフチーンは文芸作品を解釈するときに、それが創作された時代と先行する時代のなかにその作品を位置づけて解釈しようとする傾向が一般的であるとしたうえで、次のようにいっているのです。

芸術作品はその根をはるか遠くにまで広げているものなのであり、それが創作された時代とは長い複雑な熟成過程をへて結実した果実のとり入れの問題にすぎないのである。作品をその同時代と先行する時代の状況のみから理解し、説明しようとすれば、作品のもつ意味論的深さを洞察することはできなくなってしまう。ひとつの時代に作品を閉じこめてしまうと、その後の数世紀にわたる作品の未来の生命を理解することもできなくなってしまう。作品は時代の境界を突破し、数世紀にわたって生きつづけ、いわば《大いなる時間》のなかで、創作された時代におけるよりもはるかに強く、より完全に生きつづけるからである。……もしある作品が過去の数世紀から何かを吸収することがなかったとしたら、未来の数世紀を生きることはできない。

もしある作品が完全に現在のなかに埋没し、その時代にしか生まれないものであって、過去からのつながりも、過去との本質的な絆ももたないとしたら、その作品は未来に生きることはないだろう。現在にしか属さないすべての事物は現在とともに滅びるのである。

このことばは、歴史家をたいへん勇気づけてくれます。私たちは過去との真の絆を探し、《大いなる時間》のなかで生きているという自覚をもたねばならないのです。そのためにははじめにいいましたように、まず自分の内奥《ないおう》に流れている過去を照らし出し、それを受け入れねばなりません。拒否するばあいでもその存在を知らねばならないのです。

ハインペルの話から少しむずかしくなりましたが、今お話ししたことは記憶にとどめてほしいと思っています。つまり歴史研究の重要な手続きの第二は、自分の内奥を掘り起こしながら、同時にそれを《大いなる時間》のなかに位置づけていくことにあるのです。

第四章 うれしさと絶望感の中で

ハインペルの著書をほとんど翻訳するようにしてよんで毎日を過ごしながら、他方で、私はドイツ騎士修道会関係の史料や文献もよんでいました。いまだ確固とした視点も方法もみつからないままに暗中模索の思いで、それでも毎日朝から晩まで、時間があるかぎり勉強をつづけていました。

そのころ私は大学院を終え、小樽《おたる》商科大学の講師として週一回講義をすればよいという、たいへんめぐまれた境遇のなかにいました。とはいえ、商科大学ですから、歴史関係の書物はほとんどなく、雑誌もありませんでした。そのころは日本中のどこの大学にも、私が必要とする文献や史料をそろえているところはありませんでした。

私は学部学生のころから、西ドイツのボン大学教授、ヴァルター・フーバッチュ氏に手紙を書き、文通をはじめていました。フーバッチュ教授はたいへん親切でいろいろな史料を送ってくれましたし、大学院の修士課程在学中には留学するようすすめてもくれたのです。

でも当時の私はさきにお話ししましたように、何が明らかになったときにドイツ騎士修道会が解ったことになるのかという、歴史研究の基本ともいうべき問題に答がみつからない状況でしたから、そのような状態でドイツへ行ってもたいした成果はあがらないだろうという見通しがありましたので、断っていました。まだ日本ですべきことがたくさんあったのです。

小樽商科大学に在職した十二年間は、私にはとても苦しい時代であったと同時に、とても勉強になったときでした。小樽商科大学には自分の学問上の悩みを話す友だちもおらず、札幌へもほとんど出かけない暮らしをしていたのですが、あるとき、このまま史料や文献をよみつづけていてもこれ以上先へ進まないのではないかと考えたのです。

といいますのは、印刷された史料や文献はかなり手に入れてよんでいたのですが、私がやろうとしていた分野にかんする史料は、ほとんど印刷されていない古文書としてドイツの古文書館にあったからです。ここから先は日本にいても十分な仕事ができないと考えて私はフーバッチュ教授に手紙を書き、ドイツへ行きたい旨を伝えました。

小樽商科大学も国立大学ですから文部省（現文部科学省）の留学の制度があるのですが、どういうわけか年長順で、三十代の者には順番がまわってこないのです。フーバッチュ教授はすぐに歓迎するから来るようにとの返事をくれ、十分な奨学金をとれるよう手配してくださったのです。

それは一九六九年のことでした。おりから全国の大学は紛争の最中で、小樽商科大学も例外ではありませんでした。私はその渦中にあって急性腎炎で倒れ、一時はまわりの者は再起不能とみていたほどでした。小樽市立病院の医者のすすめで東京の虎の門病院に入院して、生検《せいけん》（腎臓に針を通して、組織の一部を切りとって検査するという危険な手術）をする予定になっていたのです。

しかし入院の順番がこないまま夏休みがすぎ、病院から通知がこないのに留学の手続きは着々と進んでいたのです。私は一生に一度の機会でしたからドイツへはどうしても行きたかったのですが、家族をかかえた身でそのまま倒れでもしたらどうしようという不安もあって、きめかねていたのです。

このとき私の母も妻も私の顔色がとても良いから、手術などせずにドイツへ行くように二人ですすめてくれたのです。私は今でも不思議なことだと思っています。もしかすると二人は私の死が遠くないことを思って、生きているうちにあこがれの地に行かせてあげようと思っていたのかもしれません。

いずれにしてもそのことばに勇気を得て、私は十月一日の夜十時に羽田からとびったのです。空からみた東京の夜景の美しかったこと、雪をかぶったマッキンレーを見て感動したこと、朝焼けのなかでデンマークの海岸線をみて夢見心地だったことを憶えています。

ゲーテ協会学校での生活

飛行機がハンブルク空港へ着陸する寸前に、農家や森、高速道路がみえてきました。私はこれがドイツかと、くいいるようにみていました。空港でトラヴェラーズチェックを現金にかえ、バスにのり、早朝だったのですが、小さなホテルに向かいました。「長旅で疲れたので少し眠ります」とはじめてドイツ語を使って通じたのに安心し、しばらく休んでから町の探検に出かけたのです。

はじめに市参事会堂へ行き、内部をみてまわりました。

ハンブルクはいうまでもなく中世にハンザ同盟の都市として栄え、今でもドイツの世界への門として確固たる位置を得ている港湾都市です。とはいえ海から百キロメートルもエルベ川をさかのぼったところにあるのです。私はアルスター湖やエルベ川に面したハンブルクの町がとても気に入りました。市参事会堂の前に大きな石碑がありましたので、なにげなくその前に立って碑文をよんでみました。

「この町の子供四千人があなた方のために命をすてたのです」と大きく書いてありました。第一次世界大戦の戦死者の碑だったのです。

日本には忠魂碑はあっても、このような形でひとつの町が戦死者の碑を市役所の前に大きく建てるだろうかと考え、はじめて日本とは違う国に来ているという感を深くしました。ハンブルクには二日滞在してすぐにデュッセルドルフに行き、そこにも二日間だけ泊まってからヴェストファーレンの小さな町イザローンへ向かいました。その町のゲーテ協会学校で会話の勉強をすることになっていたのです。

ゲーテ協会学校で過ごした二カ月間は楽しく、あっというまに終わってしまいました。パン屋さんの二階に下宿した私におかみは鍵を二つ渡し、ひとつは戸口の鍵で、もうひとつはトイレの鍵だというのです。「あなたを信用して渡すのですから」という、信用するということばがどうにも聞きとれなかったのと、トイレに鍵があることがはじめはよく解らなかったのです。たしかにトイレにはいつも鍵がかかっていて、鍵をもっていない者は使用できないようになっていました。

クラスで日本人は私だけで、しかも私は当時三十五歳で最年長でした。ほかの男女学生は十八から二十二、三歳の若い人たちばかりだったのです。しかし日本人は若くみえるらしく、外見はさして変わらず、すぐに仲間になりました。私の隣りにはクリスチーネ・アルビンというポーランドの難民の娘がいました。彼女はわずかな奨学金だけで暮らし、夕食はぬいていたようです。ドイツの隣国だけあって、会話は上手で、私がいちばん下手でした。

スポンジとか、台所用品の名前や野菜の名前などが解らず恥をかきましたが、一週間目にある文学作品についての感想文を書かされ、私の作文を教師が激賞したために、一度にみなの尊敬を集めてしまいました。私は三十五歳の大学助教授で、ほかの学生はまだ大学にはいるかはいらないかの年齢だったのですからあたりまえのことでした。

アルビンさんはドイツ語を聴く力は抜群で、私が困っているとそばからそっと教えてくれました。私も彼女の作文を直してあげたりして仲良くしていました。ハンガリーの男性と二人でよくアルビンさんとその友人を夕食に招待したものです。

ハンガリー料理店に行き、ワインを飲み、食事をするのですが、ジプシーが席のそばにやってきて、耳許《みみもと》でヴァイオリンをひくと、アルビンさんはもう座っていられないのです。体がリズムにのって動いてしまって、私の腕をとって踊りましょうというのです。私が踊れないというとハンガリーの青年と一緒に踊るのでしたが、それをみていて、やはり日本人にはこういうタイプの人はいないのではないかと思いました。彼女はポーランドのマズール地方の出身でしたから、マズルカで育ったといってもよいのでしょう。

ドイツの現金書留は日本のように封筒にはいっておらず、郵便屋さんが直接現金で渡してくれるのです。ある日授業中に教室の中に郵便屋さんがはいってきて、何人かの生徒に現金を渡していました。一五〇マルクとか二〇〇マルク受け取っている生徒が多いなかで、私には一〇〇〇マルク現金が届いたのです。クラス中の生徒がこちらをみて、「へえー、すげえ」というので仕方がありません。その晩はみなで飲みにいったのです。

そのときトルコから来た物理学志望の学生が私にこっそり小さな本をみせ、自分はこれがなによりも大切なのだというのです。みるとチェ・ゲバラの日記でした。この本をもっていることが解ると自分の国では追放されてしまうのだというのです。

その夜もみなで大騒ぎをして飲んだのですが、そのころになってふと気付いたことがありました。あたりまえのことですが、私が外国人のなかにいるということです。私も彼らにとっては外国人のはずなのですが、おたがいにまったくそんな意識もなく仲良く暮らしていたのです。私はみなが若いから違和感を感じないのだと思っていました。なかには喧嘩《けんか》をする者もいました。ポーランド出身の生徒はときに喧嘩をしては泣いていましたし、ケニア出身の男性は床屋で髪を刈ってもらえないといって不平をいっていました。

しかしみなが自分の国を後《うし》ろ楯《だて》にして発言するというようなこともなく、とても仲

戸外で楽しむ農民たち。ダニエル・ホプファーの銅版画(1500 年頃)から。

良く勉強していたのですが、そのとき私は、もし世界中の人びとがこのような調子なら戦争など起こらないだろうし、いろいろな問題の解決も楽なのに、どうして現実はこのような状態にならないのだろうかと思ったほどでした。

先生以外にドイツ人がおらず、生徒のほとんどはヨーロッパの辺境の国々の若い学生だったということが大きな理由でしたが、私には自分が外国にいるという実感がまったくなかったのが、今もって不思議に思えるのです。

私は小学校を六回、中学校を三回転校していますが、転校をくり返して解ったことは、どこへ行ってもクラスの構成は同じだということでした。

つまり、どこの学校へ行ってもおとなしくて勉強をよくする子もいれば、ガキ大将もいるし、弱虫もお調子者もいるといった具合で、特に変わったことはなかったと思うのですが、ドイツでもまったくそれと同じだったのです。このことはちょっとした発見でした。人間は若いうちなら国籍を問題にせずに生きてゆけるかもしれないと思ったからです。

ドイツの列車で

ゲーテ協会学校での生活にはもっといろいろなことがありましたが、これくらいにしてフーバッチュ教授のいるボン大学に行くことになった話をしましょう。その前にドイツ鉄道旅行の話を少ししておきたいと思います。

ハンブルクからデュッセルドルフまでは小さなプロペラ機で行ったので特別なことはありませんでした。しかしデュッセルドルフからイザローンまでは、はじめてドイツの列車にのることになるので、とても楽しみでした。

ホテルから駅まで大きなトランクを運んでくれるおじいさんがいたので頼んで、駅のホームの番号と列車の時刻、そして行き先を知らせておいたのに、なかなか来ないのです。列車が入線しているのにまだ姿もみえません。いらいらして待っていたらやっとおじいさんが荷物をもってやってきたのです。

彼は、「おそくなったが、間に合ったじゃないか」と威張《いば》っていました。「お礼はいくら渡したらよいか」と聞くと、「お志《こころざし》のままで結構です」というので一マルク渡したのです。すると彼はこれでは少ないというので、一マルク硬貨をとりあげて二マルク硬貨を渡したらうなずいて去っていったのです。

もちろん相場というものがあるでしょうし、それを知らない私のほうが悪いのですが、「お志のまま」といったのに不足だと文句をいうのはおもしろいなと思って、ドイツ人ははっきりしていいなと感じたのです。

列車のコンパートメントにはいると、一人の紳士がいて、私に「おはよう」というので、私も「おはよう」と答えました。すると彼はそのまま新聞に目を落としてよみふけっているので、私も買ってきた時刻表をためつすがめつ眺めていました。

列車はヴッパータルを走っていました。しばらくして止まった駅がヴッパータル・エルバーフェルトでした。あ、ここがフリードリッヒ・エンゲルスが生まれた町だ、と気付いたときには列車はもう発車していました。遠ざかるエルバーフェルトの町をみながら、私はほんとうにドイツに来ているのだという感を深くしました。

しばらくしてバルメンに着きました。ここが有名なバルメン宣言の町かと感慨にふけっていると、頭の上から、「ではさようなら、よいご旅行を」という声がして、紳士が席を立とうとしていました。私が「さようなら」というと、紳士は一礼して降りていったのです。こうしたちょっとしたことに私は感心してしまったのです。東京だけでなく、札幌や小樽のような地方の都市でも、電車のなかで相席《あいせき》になった人にあいさつをしなくなったのはいつごろからなのでしょうか。

十年ほど前、島原線にのったことがありますが、だれでも顔を合わせれば、おはようとか、こんにちはとかいい合っていました。日本は西欧化したといわれています。たしかに都市化は進み、それは近代化ともいわれますが、西ヨーロッパにはのこっているこの程度の基本的な礼儀すら、なくなってしまったように思うのです。

フランクフルトのような大都会の駅の食堂でも、同じ光景は常にみられます。見知らぬ人でも食堂で相席になれば、こんにちはといい、何ひとつ話をかわさなくても、別れるときにはさようならというのです。それだけではありません。道ですれちがったとき、あるいは電車のなかで目が合ったとき、必ず男女をとわずほほえみをかわす習慣が今でものこっているのです。

このことがドイツの列車にのって得た、いちばん強い印象でした。

古文書がよめるようになろう

ボン大学でフーバッチュ教授にはじめて会ったときの印象は、ずいぶん格好をつける人だな、という感じでした。私が自分の研究テーマの話をしますと、大げさに手を広げて、「そんなことはとても無理でしょう」というのです。でも私はそれ以外のテーマをやるつもりはありませんでしたから、強く主張しました。

すると彼は真顔になって、「それなら古文書をよめるようにしなければならないから、助手と一緒に古文書学をするように」とすすめてくれたので、私は喜んで毎週助手（といっても私と同年の女性でした）と一緒に、古文書学、パレオグラフィーの勉強をしたのです。

大学の研究室に通いはじめて一週間ほどたったころ、歴史ゼミナールの学生全員でカッペンベルクという城に出かけることになり、私もさそわれて一緒にバスで出かけました。

私は日本の大学のゼミ旅行ぐらいのつもりで行ったのですが、最初からまったく違うことに気がつきました。教授と助手合わせて四人が、それぞれ十数名くらいの学生を受け持ち、一まわりするのです。つまり、十数名の学生は四人の教師全員から一日のうちに二時間くらいずつ指導をうけるという、かなりハードなスケジュールでした。

私も学生と一緒にひとつのグループにはいり、最初はフライヴァルト教授が担当しました。彼は学生全員に古文書を配りましたが、みな本物なのです。私の手許《てもと》にも茶色に変色した古文書が一通まわってきました。そこで教授の指名によって一人ずつその文書の発信者がだれで、受け取り人はだれか、文書の形式は何か、内容はどのようなことかを報告しなければならないのです。

私の手許に来たのはロシアの皇帝アレクサンドルが、名前は忘れてしまいましたが、ドイツ人にあてた書簡でした。内容はもとより、当時の私にはまったくよめませんでした。ところが、十数名の学生のうち、すらすらよめる学生は一、二名はいたのです。

私の隣りの金髪の女子学生は私のひじをつついて、「あなたはよめるの」と聞くので、「いや」と答えると、「私も全然解らない」といっていました。しかしこのときも私は、日本の大学の歴史学の講義や演習を想い出して、なかば絶望的なほどの距離感を味わわされていたのです。

私は日本の大学の歴史学の助教授なのに、ドイツの学生ほども古文書をよむことができないのです。このときの口惜《くや》しさは骨身にしみました。教授たちは私も大学の教師だということを知っていますから、私には遠慮してあまり立ち入ったことは聞きませんでしたので、表向きは恥をかかずにすみましたが、それだけになお屈辱は内にこもって長く私をさいなんだのです。

このときにはいろいろな史料を見学しました。この城はドイツの政治家フライヘル・フォン・シュタイン（一七五七〜一八三一）が晩年を過ごした城でしたから、シュタイン関係の多くの史料や、シュタインが使っていたカバンなどもみて帰ったのです。

しかし私には帰りの高速道路の景色も何も目にはいりませんでした。なにがなんでも古文書をよめるようになろうと決心したのです。そのためには助手を相手にして練習問題などやっていてもだめだと思いました。私には一年ないし二年という留学期間しかなかったからです。直接ゲッチンゲンの古文書館に行き、私の研究に必要な古文書をよもうときめたのです。

このことをすぐにフーバッチュ教授にいいましたが、最初は彼はいい顔をしませんでした。日本人にできるはずがないとはいいませんでしたが、そういいたいことはありありと見えました。そのうえ彼は私をノルトライン・ヴェストファーレン州の大臣や大学の総長にも紹介したりして、私の知己を広くしようとしてくれていましたから、せっかくの機会をのがしてしまうと考えたのかもしれません。

しかし私が真剣だということが解ると、ゲッチンゲンまで一緒に行ってくれることになりました。そうなるとドイツ人はとても親切で、教授は私の宿まで探してくれて、手始めに一週間二人でゲッチンゲンを訪れたのです。

私が知りたかったこと

ゲッチンゲンにあった文書館とは、かつてドイツ騎士修道会がプロイセン（現在はポーランド領）のマリーエンブルクに一三〇八年以来おいていた文書館が、のちにケーニヒスベルクに移され、一九四五年の敗戦の直前に、多数のトラックで西ドイツ国内に持ち帰った貴重な古文書群を保管していたところでした。今はベルリンのダーレ

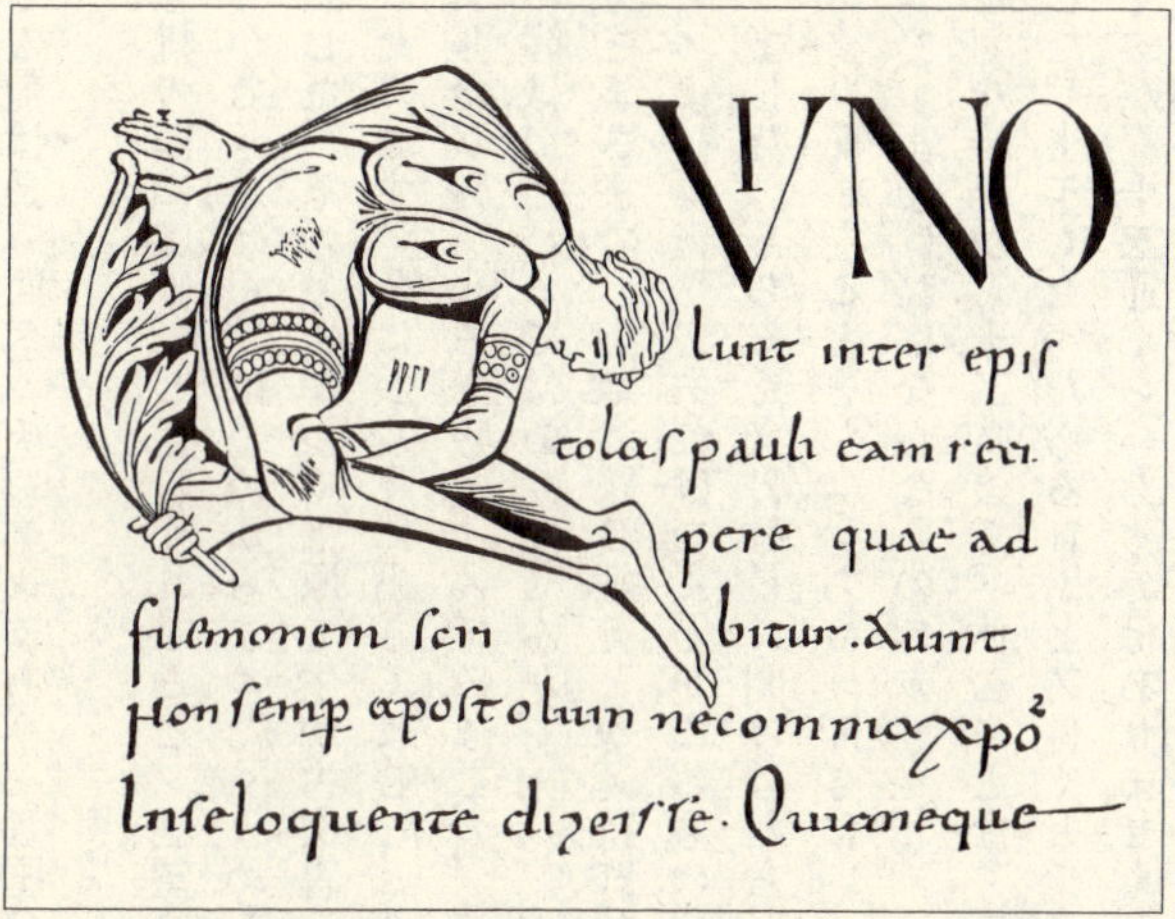

10 世紀の手書本から。頭文字 Q が人間の形で描かれている。

ムにありますが、その前は長い間ゲッチンゲンにあり、各国の研究者が研究に来ていたのです。

はじめて古文書を机の前に広げたときのうれしさと、絶望感の入りまじった気持ちは今でも忘れることができません。はじめからまったくよめないのです。しばらく茫然として眺めていました。そのときかつて上原先生が古文書をよんだ苦労話をしてくれたことを想い出したのです。とにかく声に出してよむことだと先生はいわれたのです。私は個室にいましたから、小さな声でよんでみました。すると解らないところが多いにせよ、一応の筋はたどれるではありませんか。

古文書といってもさまざまで、土地の譲渡証書とか、特許状といったものは形式がきまっていますから、よむ勇気さえあればなんとかなるものなのです。しかし人名がよめないのには困りました。もちろん文書館員に聞けばたちどころに教えてくれるでしょう。しかし、あまり簡単なことをしょっちゅう聞きにいくわけにはいきません。できるだけ自分の力でよまなければならないのです。

このようにして毎朝八時半から十二時まで、休むことなく文書館に通い、古文書をよもうと努力しました。半年もたったある日ふと気付くと、よみ終わった文書を左側に積んでおいたのですが、十二通ぐらいあるではありませんか。びっくりしてこんなによんだのかなと思ってもう一度、一枚一枚広げてみると、みなスラスラよめるのです。

このとき私は、古文書の読解もピアノの練習と同じようなものだなと思いました。子どものころ、ピアノを習ったことがありますが、毎日弾いていても自分が上達したとはとても思えない日がつづきます。一年ぐらいしてある日ふと自分が弾いているピアノの音が聞こえたとき、少しは上達したなと解ったことがあったからです。

ところで、古文書をいくらよんでも私がかかえていた問題そのものは解決しないのです。私がかかえていた問題とは一般的な形でいえば、ドイツ騎士修道会史の何が明らかになったときに、ドイツ騎士修道会が解ったことになるのか、という問題でした。

もうひとつは、小樽商科大学で一人で研究していたとき、ドイツ騎士修道会の支配下にあった農民について調べていたのですが、どんなに文献をよんでも、どうしても知ることができないことがあったのです。

当時日本では大塚久雄《おおつかひさお》先生の学風が大きな力をもっていました。私もいろいろかじってみたのですが、私の知りたいことを教えてくれる書物は一冊もなかったのです。何が知りたかったかといいますと、ドイツ騎士修道会の支配下で働いていた農民たちの顔をみたいと思ったのです。

もちろん、数百年前の農民の顔をみることなどできるわけがありません。しかし、日本の中世荘園なら、太良《たら》荘でも黒田荘でも記述があれば、ある程度農民の顔を想像できます。私たちが時代劇などを通してよく知っている、江戸時代の映像という強いフィルターを通してですが、同じ日本人ですから、着ていたものも想像できますし、生活内容もある程度は推定できるでしょう。

しかし、ドイツ中世の農民の顔や着物、生活内容は皆目《かいもく》解らないのです。それをなんとか知りたいと思って私はドイツまでやってきたのでした。この二つの問題には、古文書館で古文書をよむという作業のなかから直接の答をみつけることはできませんでした。しかし答はまったく思いもかけないところから与えられたのです。

第五章

笛吹き男との出会い

日本人と違うことと違わないこと

ゲッチンゲンに移ってから私は家族を呼び寄せました。長男は小学校入学前で、次男は一歳にもなっていませんでした。家内は大学時代に第二外国語としてドイツ語を習ったことがあるという程度ですから、会話ははじめからやり直しです。というわけで、私がいろいろな面で面倒をみなければならなかったのですが、そのために男が一人で暮らすときと、家族とともに暮らすときとの違いをはっきり知ることができました。

外国の町の中を中年男性が一人で歩いていてもだれも特別に注意を払わないでしょうし、ましてや声をかけてくれたりしないでしょう。しかし一歳にみたない赤ん坊を乳母車にのせ、小学校一年生の子どもと一家が散歩などしていると、見知らぬ人でも必ず近よってきて、話しかけてくれるのです。私の子どもは人なつっこい子でしたから、だれにでも抱かれましたので、相手も喜んで家に招待してくれることもしばしばでした。

肉屋に行くと、おばさんがまず子どもの口のなかにソーセージを一切れほうりこんでから、注文を聞くといったありさまでした。郵便屋さんが来ると、玄関のベルを鳴らします。家内が下の子を抱いて一階におりて行きますと、郵便屋さんは子どもと握手をしてから郵便物を渡してくれました。特にスーパーのおかみは親切で、いろいろ面倒をみてくれたのです。この人とは今でも親しくつきあっています。

子どもが学校にはいると父母会に出なければなりません。夜八時から開かれる父母会には必ず父親も出席し、日本のPTAとはずいぶん違っていました。議論は生徒の教育のあり方について具体的に、例えば、算数の問題を教師が父母に説明するという形ですすめられます。そこでも多くの人と知り合いになりました。

小学校は午前中で授業が終わるので、子どもが近所のドイツ人やアメリカ人の子どもと一緒に遊んでいますと、その親とも当然親しくなります。このようにして子どもを媒介にして幅広い付き合いができあがっていったのです。

付き合いの形はさまざまでしたが、正式な形は招待です。夜八時から、子どもを寝かせたあと夫婦で出かけてゆくのですが、夜半すぎまでもっぱら会話を楽しみ、お酒を飲むのでした。一度招待されれば当然お返しにこちらも招待しなければなりません。招待の席では男性が主人で、すべて男がしなければなりません。夫人は座ってにこやかに会話を楽しんでいればよいのです。

このような付き合いのなかで、ゲーテ協会学校のときと同じ経験をしました。どういうことかといいますと、最初はいかにもドイツ的でとっつきにくそうな人が、じつはとても気の良い人で、親しみのもてる人であることが解ったり、一人一人の人を見るかぎりでは、日本人と少しも違わないという発見をここでも確認したのです。ところが、その一人一人が付き合いの形や集団のなかでは、日本人とかなり違った行動をするのです。ささいなことから大きなことまでいろいろあるのですが、たとえば最初の失敗の話をしましょう。

文書館で仕事をはじめて一週間ぐらいたったある日、廊下で一人の研究者と立ち話をしました。彼はドイツ人としては小柄で、趣味で学問をしている男でしたが、どこに住んでいるのですかと尋ねられたので、家の場所をいい、おひまなときにお立ち寄りくださいといったのです。すると彼は手帳を出して、何日ですか、と聞くのです。しまったと思いましたが、もう仕方がありません。次の日曜日の夜八時ときめ、こうして招待しなければならない羽目になったのでした。儀礼上のあいさつがドイツにはまったくないわけではありませんが、このようなときには使われないのです。

モノをめぐる人間と人間の関係

もっと大きな問題は手みやげです。日本人なら他人の家を訪問するときは必ず何がしかの手みやげをもってゆくでしょうし、結婚のお祝いや葬式の香典などは現金でかまわないことになっています。むき出しではいけないのですが、きまった形の袋に入れれば良いとされています。ドイツでは手みやげは花にほぼきまっていますから、日曜日など花屋が休みのときのために、花の自動販売機もあります。

手みやげをめぐる習慣の差は歴史的なものですから、絶対的な違いではないのですが、日本ではなんらかの便宜をはかってもらったときにも、モノでお返しをすることが多いのです。お中元やお歳暮などがさかんなのもそのせいでしょう。いうまでもなくヨーロッパにはお中元もお歳暮もありません。日本の政治における現金の贈与なども、こうした日常的な贈答と切りはなせない関係にあるといってよいでしょう。

日本ではときどき見知らぬ家の郵便受けに、五万円ぐらいの現金が理由もなく投げこまれていることがあります。そうすると投げこまれた家の人は警察に届け出、新聞に記事がのるのです。だれがなんのために投げこんだのか、だれも理由が解らないのです。私はそのような小さな事件にとても興味をもっていました。なぜなら、日本人の人間と人間の関係や、モノとの関係がそこにははっきり表れているからです。

ドイツ人にこの話をしますと、彼らならそのようなことがあったら、それは神様がくださったものだからありがたくいただくか、あるいは教会に寄付しますと答えるのです。では、日本人はなぜ警察に届け出て、自分のものにしないのでしょうか。この問題の答えは少し複雑ですが、贈与・互酬《ごしゅう》の理論で説明することができると思います。

　人類の大部分は今でも贈与・互酬関係の絆《きずな》のなかで生きています。それはモノをもらったらお返しをするという原則によってなりたっていて、モノを媒介として人間関係が結ばれている社会関係をいいます。人にモノをあげるという行為は、「あなたと付き合いたい」という意思表示にほかならないので、受け取らざるをえません。受け取らないと、あなたとは付き合いたくないという意思表示になるからです。

　もらった以上はお返しをしなければなりません。お返しは通常はもらったモノと等価のモノとされています。ただし身分の上下があるときは、モノをもらった人が、与えた人に奉仕でお返しをするという関係も生まれ、中世の封建社会の領主、農民の関係なども、このような関係で結ばれていた社会だといってもよいでしょう。

　そしてモノの贈与関係は人間と人間の間だけでなく、人間と神々との間でも結ばれていたのです。この点では日本は近代国家とされているわりに、この贈与・互酬の関係が現在も生きている社会ですから、だれでも容易に理解できると思います。受験のときに天満宮《てんまんぐう》に千円ぐらい払って絵馬《えま》を奉納するのも、天神様との間の互酬関係を期待してのことですし、神社でおさい銭をあげ、何かを祈願するのも同じことです。

したがって日本では何かをもらうということは、必ずお返しをともなうものと考えられていますから、モノのやりとりには、必ず人であれ神様であれ、相手があることになります。

ところで、郵便受けに五万円はいっているということは、とても奇怪で不安なことと日本人は受けとるのです。なぜなら、モノを贈った人がだれだか解らないからです。相手が解っていれば、しかるべきお返しの方法がありますし、受け取ることを拒否することもできます。相手が解らないままモノを受け取ったとき、問題はどのようなお返しをさせられるかなのです。

何もお返しがない関係は存在しないと一般的には考えられています。ただより高いものはないといわれているくらいです。相手が解らずに五万円受け取ったばあい、家《か》人《じん》が病気になるという形でお返しをさせられるかもしれません。あるいはなんらかの失敗をする形でのお返しかもしれないという不安がのこります。

警察に届け出るのも、こういう理由があるから贈物を拒否するためだろうと私は考えています。日本人のばあいはこのように考えるとして、ではなぜドイツ人はそのように考えないのでしょうか。この問題についてはあとで答えたいと思っています。

日常生活のなかでドイツ人と付き合っているうちに、日本とヨーロッパの歴史の違いの根源には、人間と人間の関係の結び方の違いがあるらしいということが解ってきたのです。

これまでは、生産力と生産関係の問題や、キリスト教の理念の問題、ギリシア・ローマの古代の哲学やヘブライズムなどのいろいろな答が出されていますが、それらを含めたもっとも根底的なところで、人間と人間の関係の結び方の違いが、日本とヨーロッパの違いの根底にあるのではないかと気付きはじめていたのです。

この問題を歴史学の問題としてきちんと探求してゆくにはどうしたらよいのか、当時はまださだかではありませんでしたが、そこには、西欧社会における公観念と日本社会における公観念の違いがはっきりとあるように思えるのです。そうしたことを、スーパーのおばさんや郵便屋さん、下宿のおばさんなどが教えてくれたのです。

ハーメルンの笛吹き男とは

私は相変わらず文書館通いをしては退屈な古文書をよむ作業をつづけていたのですが、その作業のなかである日、奇妙な発見がありました。

当時私が調べていたのは、東プロイセン（現在はポーランド）にあったドイツ騎士修道会の所領の一つ、オステローデ地域の村々なのですが、ある日クルケン村の文書をよんだあと、参考のためにそれまでクルケン村についてどのような研究があるのかを調べてみました。するとある論文のなかに、クルケン村のあるサッセン地方には、ハーメルンの笛吹き男に率いられた子どもたちが入植した可能性があると書かれていたのです。

それをよんで、一瞬体のなかを電気が流れたような気がしました。ハーメルンの笛吹き男とは、子どものころよんだ絵本のなかに描かれていた、まだらの服を着た笛吹き男のことなのか、中学校の英語の教科書にもハーメルンのパイドパイパーの話としてのっていたあのおとぎ話のことなのか、メルヘンだとばかり思っていたあの話は、もしかすると現実の歴史的事件と交錯する何かをもっていたのかもしれない、と感じたためです。

この日から私はこの伝説に夢中になってしまいました。それまであまり深く考えたことはなかったのですが、たしかに私が住んでいた町から八十キロ北にハーメルンの町があります。私は日曜日にさっそく出かけてみました。

ハーメルンの町を歩きながら、当時の町の姿を想像してみたのです。この伝説については すでに多くの研究書があって、それらによりますと、一二八四年六月二十六日に、ハーメルンの町の子どもたち百三十人が行方不明になったことは、歴史的現実であるとされているのです。

行方不明になった原因の究明が長い間つづけられ、これまで二十五もの学説が生まれています。舞踏病《ぶとうびょう》にかかった子どもたちが、踊りながら消えてしまったと考える人や、子どもの十字軍をつくって聖地へ出かけていったと考える人、ペストなどの病気による大量死など、さまざまな学説があるのですが、私はそのなかでも、東ドイツ植民説にとても興味をひかれたのです。

なぜなら、私が文書館で調べていた東プロイセンは、一二、三世紀に西ドイツから大量の移住民がやってきてできた土地なので、私も東ドイツ植民については個別に研究をしていたからです。

そのうえ、新しい学説によりますと、このころハーメルンの町は、上層市民の住む間口の広い大きな家々と、下層市民の住む小さな家々がはっきり区別できるほど貧富の差が目立っていて、下層市民の子どもたちは、成人しても職がなく、将来の見通しがたたなかったという報告があるのです。

こうした事実をふまえてある学者は、一二八四年六月二十六日に、貧しい市民の子女六十五組、計百三十人が集団結婚式をあげ、現在舞楽《ぶがく》禁制通りと名付けられている通りを通って東門をぬけ、東ドイツ、あるいは東欧方面に入植したのだと説明したの

鼠捕り男の家と舞楽禁制通り（1900 年以前）。

です。

植民をするには当時植民請負人《うけおいにん》がいて手配していましたから、笛吹き男とは植民請負人にほかならず、親たちはまだ若い青年男女が植民請負人に連れられて出てゆくのを涙ながらに見送り、その後、当時の交通事情の悪さなどから、子どもたちのたどりついたところと連絡がないまま長い年月がたち、やがて事実関係が忘れられていったのだというのです。

子どもたち百三十人が突然いなくなったという事実だけがハーメルンの人びとの記憶に残り、あとになってさまざまな原因が、想像をもとにしてつけ加えられていったのだと説明していたのです。

この説明は、かなり説得力のあるものでした。だれもがよく知っている鼠捕《ねずみと》り男の復讐の話は、一六世紀になってはじめて、子どもたちが行方不明になった話と結びついたので、それ以前の史料は、ただたんに子どもたちが行方不明になったという事実だけを記述したものにすぎなかったからです。ハーメルンは挽碓《ひきうす》の石の産地として有名でしたし、鼠の被害は当時どこでもみられたものでしたから、容易に二つの話が結びついたと考えられるのです。

貧しい家庭の子どもたちが将来に希望をもてないために、見知らぬ東欧に入植するということは、当時の事情のもとではまったく考えられないことではありませんでしたから、この研究者は子どもたちが入植した村を発見できるはずだと考えたのです。そこでハーメルンの町を訪れ、植民をすすめた植民請負人の線を探り、ついにジーベンビュルゲン地方のオルミュッツに、今は森となってしまったかつての村ハムリンゴウ（のちにハマコウと呼ばれた）を発見したのです。

この研究者の推論は、なかなかスリリングなもので魅力的でしたから、私もはじめはこの線で説明ができると考えていたのですが、自分で古文書にあたり、当時のハーメルンの町の事情などを調べてゆくと、どうも東ドイツ植民説は成り立たないのではないかと考えるようになったのです。その調査の結果は、一九七四年に日本で書物にして一応の成果を発表しました。

ヨーロッパ中世社会にもいた差別された人びと

この伝説の研究は私にとても大きな視野を開いてくれたのです。それまで歴史研究といえば文書研究に限定され、伝説やメルヘンなどはまともな歴史家が扱うものではないと考えられていたのです。私は学界のこのようなルールを知らないわけではなかったのですが、自分がほんとうにおもしろいと思ったことはなんでもやってみようと思っていましたから、この伝説に歴史研究の手続きを応用し、どこまで明らかにできるかを試みてみたのです。

この伝説の重要な主人公に、笛吹き男がいます。笛吹き男は私たちが知っている伝説のなかでも、奇妙な力をもち、理解しにくい存在として描かれています。彼がひとたび笛を吹けば、町中の鼠があとについて行き、笛吹き男と一緒にヴェーゼル河にはいってつぎつぎにおぼれてしまうのです。

また約束の金をハーメルン市が支払おうとしないと知った笛吹き男は、ふたたび町に来て笛を吹きます。すると今度は町中の子どもたちが彼のあとについてゆき、山のなかに消えてしまうのです。この伝説を伝えた人びとには、笛吹き男が自分たちの町のなかにいる普通の人ではなく、特別な能力をもつ人間として映っていたにちがいないのです。

この伝説を調べている間中、笛吹き男とはいったい何者か、という疑問が私の頭からはなれませんでした。そこで古代ローマ以来の芸人の系譜を洗いながら、中世において笛吹き男を含めた芸人とはどのような人びとであったのかを知ろうとしました。そこで私は、ヨーロッパ中世社会における差別の問題にはじめて触れることになったのです。

差別とは何か。それは今の私たちには容易に解らない心理のなかで起こった現象なのですが、現在の私たちのなかにも人を差別しようとする意識はありますから、私たち自身のなかにある差別する心を分析してゆくことによって、ある程度は差別の構造を知るきっかけを手にすることができます。ヨーロッパ中世社会にも差別された人びとがいたのです。差別されたのはどういった人びとだったのでしょうか。

中世社会は身分制社会でしたから、貴族、聖職者、市民、農民などの身分の区別がありました。身分の区別は、一応、皇帝や教皇を頂点とする上下の階層秩序をなしていたのですが、市民は自分たちは全員平等で、何ものにも従属する必要のない独立した自由人だと考えていましたし、農民も共同体をつくり、領主に一応従ってはいるけれども、領主の勝手気ままに支配されるわけではなく、農民は自ら生活の規則をつくることができたのです。

貴族はいうまでもありません。ようするに、いくつもの身分があっても、その身分の内部ではみな自分たちは自由だと考えていたのです。市民、農民、貴族の間で身分の上下はあったのですが、それぞれの身分の内部では自分たちで規則をつくり、それに従わない者を罰する権利をもち、他の身分の者の介入を許さない組織をつくっていたのです。

ところが、このような身分を構成しえない人びとがいたのです。奴隷は不自由身分として古代からいたのですが、中世になるとそれとは別種の不自由民が生まれてきました。正確には中世のはじめからいたわけではなく、一二、三世紀以降生まれてくるのですが、特定の職業に従事する人びとが、身分を構成しえない人びととして、恐られながら、賤視《せんし》されたのです。

賤視というのは蔑視《べっし》とは違っていて、恐れの気持ちがはいっていると考えなければならないと思うのです。賤視された人びとのことを賤民といいますが、彼らは一般の人びとと結婚できず、いっさいの接触は許されず、彼らが死んでも仲間の賤民以外は棺をかつぐ者がいないのです。町の居酒屋への出入りも禁じられ、教会の中でも同じキリスト教徒なのに、特別な席に座らされ、死んでも教会の墓地の中に葬ってもらえないのです。彼らとすれちがうと人びとは目をそむけ、いっさいの接触を断とうとするのです。

では、どのような職業の人びとが賤視されたのでしょうか。驚くほどたくさんの職業が賤視されていました。

死刑執行人、捕吏《ほり》、墓掘り人、塔守《とうもり》、夜警《やけい》、浴場主、外科医、理髪師、森番、木の根売り、亜麻《あま》布織工《ぬのおりこう》、粉挽《こなひ》き、娼婦、皮はぎ、犬皮鞣工《いぬかわなめしこう》、家畜を去勢《きょせい》する人、道路清掃人、煙突掃除人、陶工《とうこう》、煉瓦《れんが》工《こう》、乞食《こじき》と乞食取締り、遍歴芸人、遍歴楽師、英雄叙事詩の歌手、収税吏《しゅうぜいり》、ジプシー、マジョルカ島のクエタス（洗礼をうけたユダヤ人）、バスクのカゴ（特別な印を服につけさせられていた被差別民）、などがあげられています。

それほど多様な職業に従事する人びとが、なぜ賤視されたのでしょうか。私はハーメルンの笛吹き男と出会ったために、このような新しい問題をかかえこむことになったのです。

そしてこの問題は、じつは私がドイツへ留学する際に解決しえないままであった問題に、ひとつの解答を示してくれる問題でもあったのです。

ドイツ騎士修道会史の何が明らかになったときに、ドイツ騎士修道会を理解したことになるのか、あるいはヨーロッパ史の何が明らかになったときに、ヨーロッパが解ったといえるのだろうか、というのが私の問題でした。ゲッチンゲンという町のなかで多くの人びとと接しながら、私は、ヨーロッパの人びとは、個人をとってみれば日本人とまったく変わらないのに、集団としての人間関係のあり方が違うことに気付いていました。

しかも差別の歴史を調べていくと、長い時間の流れのなかで、人間と人間の関係のあり方が大きく変化していることが解ってきます。死刑執行人という職業は、一二、三世紀まで存在していませんでした。死刑と同様な刑の形はあったのですが、高位聖職者や身分の高い人がその刑を執行したのです。ところが、一四世紀頃から処刑は賤《いや》しい人間のする仕事になっていったのです。

このような大きな変化は、いったいどうして起こったのでしょうか。そこには生と死についての、人間の考え方の大きな変化があったといわなければなりません。一三、四世紀以後差別される人びとが現れることは、ヨーロッパにおける人と人との関係が大きく変わっていったことを示していると考えざるをえないのです。

私は、ひとつの社会における人間と人間の関係のあり方の原点と、その変化が明らかになったときに、その社会が解ったことになるのではないかと考えはじめていたのです。

このような素朴な考えだけでは学問の方法とはなりませんから、やがてその方法を吟味しながら、私は新しい社会史を考えることになるのですが、それとほぼ同時に、ヨーロッパで一三、四世紀以後、被差別民がどのようにして生まれたのかという問題に、一応の答を出しておかなければなりません。

それはいわばヨーロッパの影の部分ですが、影の部分をみることによって、ヨーロッパの光の部分をも、より鮮明に映し出すことができると思われるのです。

第六章

二つの宇宙

モノを媒介とする関係と目に見えない絆で結ばれた関係

ひとつの社会における人間と人間の関係のあり方というだけでは、とても漠然としています。この点をもう少し具体的に説明しますと、人間はいつの時代でもさまざまなモノを媒介にして他の人間と関係を結んでいます。人間と人間の間には抽象的な関係というものはないのです。そのばあい、モノというのは大地や家、動物、植物、太陽、星、食物など、目にみえるモノのすべてをいいます。

私たちがだれかとなんらかの関係を結ぶとき、そこにはなんらかのモノが必ず介在していて、そのモノが意外に大きな役割をはたしていることに気付くでしょう。たとえば、同じ中学を卒業した同窓生のばあい、私たちは同じ建物、教室、運動場、机や椅子を想い浮かべますし、スポーツをしている人のばあいは、野球のボールやグローブなどのモノが、必ず介在しています。

商売人ともなれば、お金も含めてモノ（商品）の存在はじつに大きな意味をもっていて、たくさんモノ（商品）を買ってくれる客が良いお客ということになるでしょうし、お金持ちになるということは、お金というモノをたくさん手に入れることを意味しています。人生はじつにモノと人間との関係によってなりたっているといってもよいのです。

しかし、人間と人間の関係はそれだけでなりたっているわけではありません。愛や思想、掟、迷信、信仰、習慣、音楽などはモノではありませんが、人間と人間の関係のなかでたいへん重要な役割をはたしています。私はこうした関係を、目に見えない絆で結ばれた人間と人間の関係と呼んでいるのです。

モノを媒介とする関係と、目に見えない絆で結ばれた関係の二つが、人間と人間の関係の基礎にあると一応考えてよいでしょう。ですから、この二つの関係の原点がとらえられたとき、私たちはその社会の人間と人間の関係の基本的な型を理解したことになり、その社会が解る前提を手に入れたことになるのだと思うのです。

ここで解るということについてふたたび考えてみたいと思います。

すでにお話ししたように、上原先生が、解るということは、それによって自分が変わることだといわれたことがあります。私は一人の人間が他の人間を理解する、解るとはどういうことなのかをずっと考えてきました。そしてだれかを理解するということは、その人のなかに自分と共通な何か基本的なものを発見することからはじまるのだと考えるにいたったのです。

その共通する何かは人によってさまざまですが、人が生きてゆくうえでもっとも基本的な関係であることは明らかです。たとえばモノのやりとり、贈与・互酬の関係などは、日本人ならだれでも知っていることですから、問題として意識されることも少ないでしょう。

しかし、ヨーロッパやアメリカの人びとにとっては、日本人のモノのやりとりの関係は、理解しかねる面をもっているのです。同じ人間にはちがいないのですが、アメリカ人やヨーロッパの人びとは、モノに対して、ときに日本人とは違った関係の結び方をしているのです。いくつかの例をみましょう。

針供養《はりくよう》という行事がありますが、それは古針や折れ針を供養し、裁縫の上達を祈る行事で、二月か十二月に行われます。そのほか、時計の供養や魚の供養なども行われています。時計屋さんが一年に一回、古時計を集めて燃やし、時計に感謝する行事です。魚供養とは、漁師たちがやはり一年に一回、魚を海にもどし供養する行事で、昔は放生会《ほうじょうえ》といわれていました。

このばあい、魚や針、時計などはただのモノではないのです。それらは人間と対等ななんらかの生命をもったモノとして扱われています。小樽の水族館では、かつて年に一度、冬を迎える前に魚を海にもどす儀式が行われていました。小学生たちが集まって、ニシンやヒラメにさようならをいいながら海にもどすのです。

チェスを楽しむ2人。13世紀のミニアチュアから。

日本人には魚や時計にも生命があると考える傾向があるのですが、ヨーロッパの人びとにはこのような態度はたいへん薄いと思われるのです。では、日本とヨーロッパのこのような違いはどこから生まれてくるのでしょうか。この問題を考えるなかで、前章でとりあげた差別する心と、差別された人びとについてもふれることになるでしょう。

現代とは異なる世界

人間と人間の関係がモノを媒介として結ばれる関係と、目に見えない絆によって結ばれるものとの二つの関係からなりたっているというとき、私たちは現代人としての常識でその関係を理解しようとします。しかし、古代、中世の人びとの関係を頭におきながらこの問題を考えようとすると、現在私たちがもっている「常識」をいったん捨てなければならないのです。

つまり、古代、中世の人間と人間との関係のあり方は、現代人のそれとはたいへん異なっているので、それを理解するためには、私たちの常識をいったん棚上げにする必要があるのです。

たとえば、私たちには時間が均質的でまた直線的に流れてゆくと考える傾向がありますし、空間は三次元の均質的な場であると考えています。これは現代という特殊な時代に生きている私たちの常識ですが、古代、中世の人びとは時間と空間をそのようにはとらえていなかったのです。では彼らは時間と空間をどのように考えていたのでしょうか。

具体的な例をとってみましょう。

古代、中世の人びとは空間を均質的な場であると理解してはいませんでした。聖なる空間とそうでない空間があって、前者は恐れをもって接しなければならない空間でした。そのような意識は日本人のばあいは今でも残っていて、床《とこ》の間《ま》に上がってはならないということはだれでも知っているでしょう。床の間は日本の家では聖なる場所なのです。

古代、中世の社会では、たとえば神殿は聖なる場所でしたから、そこにはいった者にもその聖性が移ると考えられていたのです。人殺しをしたり、泥棒をしたりして追いかけられている人が神殿の中に逃げこんだばあい、追っ手は神殿をとり巻いて、犯人が出てくるのを待つのです。神殿にはいって捕らえることはできません。

なぜできないのでしょうか。それは神殿が聖なる領域で、いったんそこにはいった者は聖性を帯びますから、その者を捕らえることはできないと考えられていたからです。その聖性は、神殿のなかにいる間だけそこに留まる者に移っているので、いったん神殿を出ると聖性を失い、すぐに捕らえることができるのです。神殿内には水も食料もありませんから、囲んで待っていれば、飢えと渇きのために犯人はいずれは出てこざるをえないのです。

しかしアテネのキロニーデンの神殿では、聖なる像に紐を結んで、その紐の端をもって神殿から出ている間は、犯人を捕らえることはできないことになっています。紐を通して聖なるモノが神殿の外にいる犯人にも伝わっていると考えられたためでしょう。

このような空間をアジール（聖域、避難所）といいます。現在では大使館や赤十字の建物に、かろうじてのこっているくらいですが、古代、中世の社会では個人の家も聖なる場所に近い性質をもっていましたから、いたるところにアジールがあったことになります。

子どもの遊びのひとつ鬼ごっこに、円を描いたなかにいる子どもを捕らえることはできないというルールがありますが、それも古代、中世のおとなのアジールのルールが現在まで子どもの遊びのなかにのこっているとみることができます。

アジールにはいろいろな形態があって、渡し舟もアジールでした。追いかけられている人が渡し場に追っ手より先につき、舟にのったとき、あとから追っ手が近づいたばあい、船頭は追いかけられている人を船首にのせ、追っ手を船尾にのせて、対岸につくと船首の客をまずおろし、そののち舟を一回転させて船尾を陸につけて追っ手をおろすことになっているところもあります。

あるいは、追いかけられている人が農具のひとつである馬鍬《まぐわ》の下でパンを一片食べている間は、追っ手は近づいてはならないというルールもあります。私たちには子どもの遊びのようにみえるかもしれませんが、このアジールは、古代、中世の人びとの人間関係のなかでは、とても重要な役割をはたしていたのです。

「我が家は城なり」という法諺《ほうげん》もアジールとしての家を示しているのです。たとえ殺人犯であっても家に逃《のが》れ、その家の主人が犯人をかくまっているばあい、警察などの公権力といえども家におし入ることはできないとされていたのです。現在の私たちには理解しにくいこのアジールを説明するためには、中世人の空間、つまり世界についての考え方の輪郭を示しておく必要があるでしょう。

現代に生きている私たちは、世界はひとつだと考えています。たしかに飛行機にのりさえすれば、たいていのところへは十数時間で行けます。どこへ行っても今私たちが使っている時計で時間を計り、円をその国の通貨に替えさえすれば生活できるのです。世界中の人びとの生活の様式がたいへん似てきていますから、あまり抵抗なく外国で暮らせるのです。

このような世界に生きている私たちには、現代の世界の常識を過去にもちこもうとする傾向があります。ところが古代や中世の人びとは、私たちの世界とはひじょうに異なった世界に生きていたのです。

大宇宙と小宇宙

現代人がひとつの宇宙のなかで暮らしているとするならば、古代、中世の人びとは二つの宇宙のなかで暮らしていたといってもよいでしょう。二つの宇宙というとみょうに思われるかもしれませんが、古代、中世の人びとにとって宇宙は大宇宙マクロコスモスと、小宇宙ミクロコスモスからなりたっていると考えられていたのです。神学者や哲学者が古代からこのようなことばを用い、概念をつくりあげてきたのですが、私はこのことばを一般の人びとの生活の次元で使いたいと考えています。

中世の一般の人びとが、毎日をどのような思いで暮らしていたのかということを考えようとしますと、たいへんむずかしい問題がでてきます。このような問題に直接答えてくれる史料がないからです。

しかしながら、人間と人間の関係のあり方を知ろうとする私にとって、モノをめぐる人間と人間の関係のあり方と、目に見えない絆を媒介とする人間と人間の関係のあり方が明らかになれば、中世の人びとの日々の思いもかなり解ってくると思うのです。この点では現在の私たちの経験から出発してもよいのです。現在の私たちもいろいろな不安をかかえています。けれども私たちには不安を隠蔽するさまざまな技術がかなり発達しています。まず医学をみてみましょう。

盲腸炎になったことが解っても、現在の私たちはあわてずに病院で医者にすべてをまかせます。盲腸炎で死ぬ人は、現在ではほとんどいないことが解っているからです。けれども癌にかかったことが解ったばあいはどうでしょう。本人は耐えられないほどの苦しみを味わうでしょう。今は抗癌剤もかなり開発されていますし、癌にかかりながらも社会生活をつづけ、頑張っている人もたくさんいます。症状にもよりますが、それほど決定的な心の傷を負わずにすむばあいもあるでしょう。現代の医学は病気の原因をかなり解明していますし、治療法も開発され、いわば恐怖をおさえる技術が進んでいるからです。

エイズについては今のところまったく治療法が発見されていません。ですからエイズに対する一部の人びとの恐怖心は、現代医学の教えにもかかわらず、かなり冷静さを欠いたものになっています。なぜエイズが恐ろしいのか、それは未知の、対抗手段のない病気だからです。

近代医学が発達する以前の中世の人びとにとって、すべての病気は現代医学が開発した技術を何ひとつもっていないという意味で、未知のものでした。唯一の方法は瀉《しゃ》血《けつ》で、それはときには結核で栄養の補給が必要な人からも大量に血をぬくような危険な処方でした。

しかし、中世の人びとも、病気に対する恐れを隠蔽する技術をまったくもっていなかったわけではありません。彼らは人体を小宇宙と考えていました。そして小宇宙は大宇宙のなかにあって、たがいに対応しているものとみなされていたのです。いわば小宇宙は大宇宙のレプリカ（複製）と考えられていたのです。

小宇宙である人体の構造も、当時の人びとには近代的な意味では未知の不可解なものでしたが、大宇宙はそれ以上に未知の力にあふれる混沌状態で、神々や精霊、妖怪や怪物が棲《す》んでいるところと考えられていたのです。

そして小宇宙である人体に生じたすべての現象（病気だけでなく、背が低いことや赤ら顔であることなどの肉体的特徴）はみな、大宇宙の影響によるものと考えられていたのです。個々の人間の運命も、大宇宙の星の運行との関係できまると考えられていましたから、占星術が中世では大きな位置を占めていたのです。

火と土の力

病気だけでなく、中世の人びとにとって、この世で起こるすべてのことはみな、大宇宙の星の運行の影響によるものとされていたのです。嵐や災害、洪水や不作、戦争などもみな星の運行の影響で起こると考えられていました。

中世の人びとが、かろうじて掌握しえたのは小宇宙だけでした。小宇宙はときに人体を意味していましたが、一般的には家であって、家の垣根の外はもう大宇宙であると思われていたのです。家のなかにも大宇宙の力はおよんでいるのですが、たとえば水や風、火や土という古代、中世を通じて大宇宙を体現する四大元素も、家のなかではその猛威をふるうことができませんでした。

人間は大宇宙の火を神の国から盗み、家のなかのカマドに閉じこめたという神話(プロメテウスの話)がありますが、火はまさに大宇宙のもっとも大きな力です。それをカマドに閉じこめるにあたって、人間は火の神と互酬関係を結んでいます。カマドをめぐる儀式がそれです。

今でもカマドの神が祀られていますし、私たちも子どものころから火の用心をきびしくしつけられています。それは火事に対する用心であることは明らかですが、現代人の火の用心と違って、中世の人びとには火に対する恐れがあったことは知っておかなければなりません。

火は聖なるものとして、人びとの共有物でもありましたが、それ自体は大宇宙のモノとして恐れられていたのです。現在私たちが火の用心をしているその心理の底には、かつて大宇宙のモノであった火に対する畏怖があるといってもよいでしょう。私たちが火を扱うときの態度の底に、古代や中世が息づいているのです。

火は山火事や鬼火《おにび》として、中世の人びとを恐れさせてもいたのです。カマドの火とはまったく異質な野外の火を扱うことは、大宇宙と直接かかわることですから、それなりの手続きと作法が必要となり、そのような仕事をする人には特別な能力があると考えられていたのです。山火事は人間の手が加えられずに発生することがありますから、それが人為でなく、大宇宙の神秘的な現象として信じられたとしても不思議はないでしょう。

同じことは大地についてもいえます。現在でも大地について私たちは十分な知識をもってはいませんが、中世の人びとは、小さな種子を大きな植物や麦などに育てあげる大地は、不可思議で神秘的な霊の力にみちたものと考えていました。

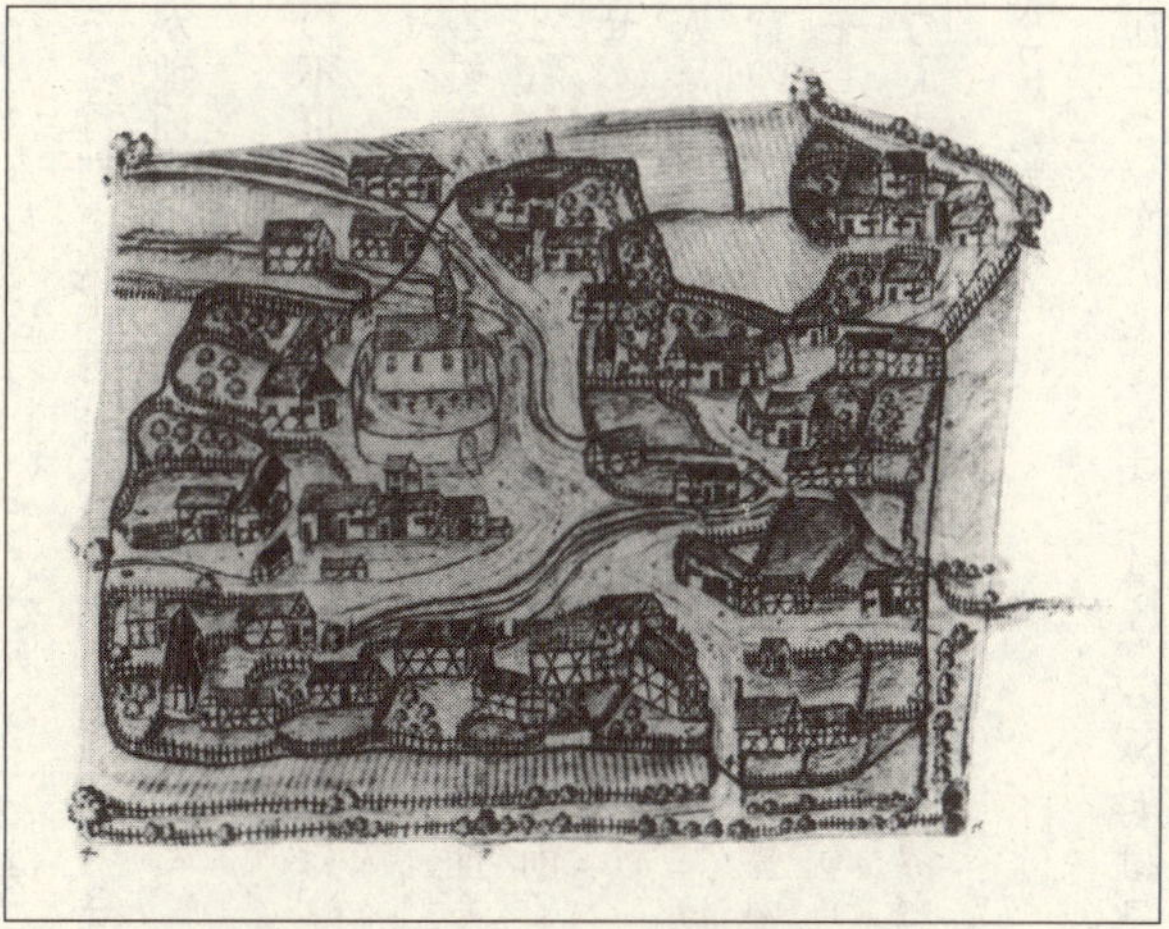

家も庭も垣（Etter）で囲まれた村の風景。
1576年のホイドルフ村（コンスタンツ周辺）。

大地が不可思議な力にみちた恐ろしいモノであることは、魔女の裁判のときに示されています。魔女を絞首刑に処するときは、高く高く吊るさなければならないとされていました。万一足が地面につくと、魔女の霊力が恢復《かいふく》して、逃げてしまうと考えられていたからです。

このような大地の不可思議な力に対する信仰については、近代にいたるまで報告があります。

ハンブルクのある司法官の証言によりますと、盗人《ぬすびと》が捕らえられて、裁判を終え、刑期をつとめたあと釈放される前に、右手をあげて神の前で二度と盗みをしないと誓わなければなりません。

ところがある盗人は、こっそり左手の人さし指を大地に向けてのばしていたというのです。この司法官の解釈では、誓いをたてながらその誓いを同時に大地に流していた、つまりアースをしていたというのです。大地そのものが大宇宙のモノだったからです。いうまでもなく大宇宙は善悪すべてを包含する世界だったのです。

ゴミ、糞尿《ふんにょう》、水を扱う異能力者

ここでゴミや糞尿について考えてみましょう。私たちはゴミや糞尿がただきたないものだと感じています。この私たちの常識を古代人や中世人にも押しつけ、古代人や中世人も同じ感じをもっていたにちがいないと考えがちです。

しかしそう考えることは危険なのです。なぜならいろいろな史料から判断して、少なくとも中世の人びとは、ゴミや糞尿をただきたないものと考えたのではなく、そこに何か神秘的なもの、恐ろしいものをみていたことは確かだからです。

人体の構造に無知であった中世の人びとは、自分たちが食べた食物が、糞尿のような異臭と色をもつ物体に変化して体内から出てゆくことを、驚異のまなざしでみていたにちがいないのです。魔女は特別な薬を作るときに、一般的には汚物とみられるような奇妙なものを使ったとされています。日本でも一遍上人《いっぺんしょうにん》のお小水《しょうすい》を飲む人たちの話が伝えられています。泥棒が家におし入ったとき、糞《くそ》をたれておいて、それが暖かいうちは捕《つか》まらないという迷信は、洋の東西をとわずのこっています。

このような糞尿の神秘性に対する考え方はどこから生まれたのでしょうか。それはいうまでもなく、人体がひとつの小宇宙と考えられていたことからきているのです。小宇宙から外の大宇宙に排出されたものは、その瞬間に大宇宙のモノとなり、神秘性を帯びると考えられていたのです。糞尿だけでなく、すべてのモノの腐敗は、モノの変化する姿ですから、汚物や埃《ほこり》などもときに聖なるものとみられる傾向があったのです。

特に埃は、死せる霊に肉体を与えるときに必要なモノとされていて、生殖能力を起こさせるモノとも考えられていました。したがって汚物を扱う人、道路清掃人や川掃除人は、中世の中ごろから、一般の人にとって不気味な大宇宙を相手にする、特別な職業に従事する異能力者とみられていたのです。

このような見方に変化が生じ、道路清掃人たちが賤視され、差別されてゆくのは、小宇宙と大宇宙の関係に変化が生じたためですが、この問題については次章で扱うことにして、ここでは水についても触れておきましょう。

水も人が生活してゆくうえで不可欠なものですが、火と同じく大宇宙のモノと考えられていました。聖書では、はじめは大地の形がなく、水ばかりであったと書かれています。人間が水から生まれたという神話は世界中に広がっています。日々の生活に必要な飲料水や料理用の水を、人びとはやがて家まで引き、水道として用いるようになりますが、それ以前に井戸や泉から水を汲《く》むときも、井戸や泉をよごさないようにしていました。

それは飲料水の衛生のためといえますが、同時に大宇宙の聖なる水を祀るためでもあったのです。水はけがれを清めるものとされ、ゲルマン人のばあい、生まれたての赤子《あかご》に散水して祝福します。キリスト教でも洗礼には水を使います。

聖なる川は、あらゆるけがれを流し去る大宇宙へのパイプでもあったのです。しかし川は同時に冥界への道とも考えられていました。「創世記」第二章でも、楽園からギホン、ピソン、ヒデケル、ユフラテスの四筋《すじ》の川が流れ出ているという記述があります。川は大宇宙（他界）と小宇宙（現世）を結ぶ絆でもあったのです。

私たちは水道の水も雨水も基本的には同じ水だと考えていますが、中世の人には飲料用に家の中に汲みおいた水と、大洪水の水や暴風の波のうねりが同じものとは考えられていませんでした。ですから、大宇宙の現象である川の流れを調節する仕事は、大宇宙の特別な力を相手にする、特異な能力を要するものと考えられていたのです。

川の流れが急な日本と違って、ヨーロッパの川は、ライン川でもセーヌ川でもゆったりしています。ですから上から水を落として水車をまわす上掛《うわが》け式《しき》水車を使うことができないので、水車を水面におろして回す下掛け式水車を使っています。そのばあい、水量が多すぎると水車が水の中に没してしまいますし、水量が少なすぎると水が水車に届かなくなってしまいます。

そこで粉挽《こなひ》きはダムを作って水量の調節をするのです。季節の変化とともに川の水かさもはげしく増減しますから、粉挽きは季節の変化にも通じていなければならず、大宇宙の現象を相手にする特異な能力を必要とする仕事と考えられていました。つまり、粉挽きは異能力者として恐れられていたのです。

粉挽きが恐れられた理由にはほかに、村落共同体の仲間にはいらず、村はずれにポツンと立つ水車小屋に住んでいることもあったとみられます。

粉挽きや道路清掃人だけでなく、のちに賤民として差別されることになる人びとは、中世中ごろまではみな、大宇宙を相手にして仕事をする異能力者として、畏怖される存在だったのです。死刑執行人はその典型でもあったのです。

では、そのような異能力者として畏怖されていた人びとが、なぜ差別され、賤視されたのでしょうか。この問題に答えるためには、一二、三世紀にヨーロッパに形成されていった新しい文明に目を向けなければなりません。

第七章

ヨーロッパ社会の転換点

なぜヨーロッパは日本と違った社会をつくったのか

前章でお話ししたような大宇宙と小宇宙の関係は、かつては世界のどの民族にもみられるものであったと思うのです。日本にもこの図式で説明できる現象は、今でも数多くあると思います。

ところで同じ第六章のなかで、だれかを理解するということは、その人のなかに自分と共通な何かを発見することだと書きました。この考え方は人と人の間だけでなく、世界の国々や民族との関係についてもいえるでしょう。ヨーロッパを例にとりますと、ヨーロッパの文化や社会をほんとうに理解するということは、ヨーロッパの人間関係のなかに、日本人と共通なある基本的なものを発見する作業だということになります。

しかしそれだけではなく、もし日本人と共通な何かを発見することが困難なばあいは、それを自分のなかにつくり出そうとする努力をも意味しているといえるでしょう。ところで、前章でお話しした大宇宙と小宇宙の関係を、現在のヨーロッパの人びとのなかにすぐに見つけることは困難ですが、中世以前のヨーロッパにははっきりと存在していたのです。

アジールも日本には近代にいたるまで各地にのこっていました。鎌倉の駆け込み寺、東慶寺《とうけいじ》などはそのもっとも有名な例でしょう。病気と大宇宙との関係についていえば、イボができたときにイボを石に触れさせ、その石に触《さわ》っただれかにイボが移るという迷信が日本にありますが、まったく同じことがヨーロッパにもあるのです。

魚の供養や針供養などは、現在のヨーロッパにはまったくみることができませんが、古アイスランドのエッダやサガ、あるいはあとでみることになるメルヘンには、人間が動物や植物に変身する話などがあり、動物や植物と人間の関係が日本とかなり似ていたことが解ります。第五章でお話しした贈与・互酬関係も、古アイスランドのサガやエッダ、さらにゲルマン人の法慣習のなかには強くのこっていました。

そこで私たちがヨーロッパを観察し、私たち日本人の、モノや目にみえない絆との関係と似た関係を、ヨーロッパ史のなかに探し求めるばあい、一一、二世紀以前までさかのぼらねばなりません。一一、二世紀以前のヨーロッパの人間関係は、モノを媒介とする関係と、目にみえない絆に媒介された関係の二つの面で、現在までの日本人とひじょうに似た社会関係を結んでいたのです。

そこで次の問題は、このように日本人とひじょうによく似た人間関係をもっていたヨーロッパ社会が、なぜ現在私たちが知っているように、かなり違った人間関係の社会に変化したのかという問題になります。この問題は、じつは、「ヨーロッパとは何か」という問題でもあって、容易に答が出せる問題ではないのです。

しかし今までお話ししてきたように、私は中学生のころからこの問題に関心がありましたので、いつも、なぜヨーロッパは日本と違った社会をつくりあげたのかを問いつづけてきました。歴史学では歴史の流れをたどるだけでなく、原因を探る必要が出てきます。なぜ、どのようにして現在のヨーロッパが出来上がったのかを、もっとも深いところでとらえなければならないのです。

この問題について教科書では普通、ヨーロッパの大きな変化のきっかけとして、産業革命があげられています。産業革命の結果、イギリスを先頭にして世界の工場となったことによって、ヨーロッパ文明は世界中に広まったというのです。

たしかに私たちも江戸時代の丁髷《ちょんまげ》をやめ、着物から洋服に着替え、靴をはき、電車に乗り、飛行機で旅をするようになりました。小学校、中学校、高校、大学という教育制度も、本来はヨーロッパの中世に生まれた制度です。わが国の公的な生活はヨーロッパ風に営まれているといってもいいすぎではありません。

一一、二世紀のヨーロッパにおける人と人の関係の変化

しかし、産業革命だけに最終的な原因を求めることはできないのです。なぜヨーロッパで一八世紀に産業革命が起こったのかが、さらに問題になるからです。機械が作られた結果よりは、作ろうとする意志がどこから出てきたのかを問いたくなるからです。

これまでの歴史の書物では、事件の流れを追えば、一応歴史は理解されたと考えられていたように思われます。けれども私はただ事件の流れを追うだけでなく、理解し、解りたいと考えているのです。解るということは自分の奥底で納得するということですから、最終的には歴史の諸事象の奥底にあり、自分の内面と呼応する関係、あるいはその変化を発見したときに、理解できたことになるのです。

このような関心にたって、ヨーロッパにおける人と人との関係の歴史的変化をみてゆきますと、私には最大の転換点は一一、二世紀にあったと思われるのです。

それはまえにお話しした、ヨーロッパの人びとの、モノを媒介とする関係と、目にみえない絆によって結ばれた関係が大きく変化した時代でした。いいかえれば、人間と人間の基本的な関係が変わっていった時代です。

歴史上の変化とか進歩といわれるものは、いくらでもあげられるでしょう。しかし人間と人間の関係の基本構造が変化すること以上に大きな変化はない、といってよいでしょう。あらゆる大きな歴史的変化や発見の奥底に、程度の差こそあれ、そのような人間関係の変化があったのです。

そこで、一一、二世紀のヨーロッパにおける人と人の関係の変化をみることにしましょう。

この時代のヨーロッパの人びとの生活は、大きく変化しつつあったのですが、それは一面において、キリスト教がようやく社会の下層にまで普及しはじめ、キリスト教の教義に基づく世界の捉《とら》え方が広まっていたためです。それは具体的にはどのような変化であったかといいますと、二つの宇宙という世界の構図が崩れはじめたことを意味していました。それはきわめて大きな変化でした。

キリスト教が普及する前には、村や町はまだ共同体として十分に出来上がっていませんでしたから、家を単位とする小宇宙のなかで、人びとは暮らしており、その小宇宙としての家の幸・不幸、人間の運・不運、病気や不作、戦争や災害などのすべては、家の外に広がる大宇宙（森や川、海や山、野原、そして天空と地下の世界）からやってくると考えられていたのです。

小宇宙におそってくる戦争や不作、病気や運・不運、幸・不幸などの背後には、それらを司《つかさど》る神々や諸霊がいると信じられていましたから、人びとはそれらの神々や諸

垣（Etter）で囲まれた中世後期の農村。
ヨハンネス・ストゥンプフのスイス年代記から。

霊に供え物をささげ、保護を祈願していたのです。神々や諸霊と人間の間に互酬関係が成立していたのです。

ところがキリスト教の教義では、天地創造からアダムとイヴの楽園追放、イエスの降臨と死と復活を経て、人類史は最後の審判へと直線的に流れてゆく救済の歴史としてとらえられ、この世におけるすべての出来事は、病気も不幸も不運も、あるいは災害や戦争、不作なども、みな神の摂理の結果として説明されることになったのです。いいかえれば、この世には未知のもの、不可解なもの、恐ろしいものは何もないのであって、人間が神の摂理を正しく理解すれば、なんら恐るべきものはないとされたのです。

信仰が深くなれば、この世のすべてが明らかになるというのです。そうなりますと、大宇宙と小宇宙の区別は意味をなさなくなります。キリスト教がはいってくる以前の人びとの最大の関心事は、いかにして小宇宙の平和を保つかということでしたから、大宇宙の神々や諸霊と互酬の関係を結び、戦争におもむくときには軍神に祈願していたのですが、キリスト教の教義ではそのような行為は禁じられてしまいます。

キリスト教の浸透がもたらしたこと

大宇宙と小宇宙という構図は、古代以来哲学者が用いてきた重要な概念でしたから、キリスト教もそれを捨てるわけにはいかず、小宇宙を人間とみるばあい、大宇宙は神であり、唯一の神が大宇宙を体現しているというふうに解釈し直されていったのです。しかしながら、このような解釈は神学者や哲学者の間では意味をもったでしょうが、一般の庶民にとってはあまり意味がありませんでした。なぜなら、キリスト教がこの世界に未知のもの、恐ろしいものはないと説いても、現実に夜の闇《やみ》の世界は恐ろしく、狼《おおかみ》の鳴き声も恐怖をよび起こし、大海のうねりは危険にみちており、不作のときには人びとは飢えていたからで、こうしたことに対して人びとはなすすべがなかったからです。こうした人びとの恐怖をキリスト教はしずめることはできませんでした。公《おおやけ》の場所では教会が説く教義を信じて行動しなければならないのですが、日々の生活の営みのなかでは、古代以来の大宇宙に対する畏怖の念を消し去ることはできなかったのです。

キリスト教は一つの宇宙を説き、人びともそれを信じなければならなかったのですが、現実の生活のなかでは二つの宇宙が大きな力をもちつづけていました。人びとはなぜ、キリスト教の説く一つの宇宙を信ずるようになったのでしょうか。それはキリスト教が地中海文明という、ゲルマン人の文化よりも高度な文明の担い手として登場したためでもあります。

もちろん、地中海文明の力だけではありません。キリスト教の本質は愛にあるといってもよいかもしれません。イエスはマタイ伝第二十五章で、空腹のときに食べさせ、かわいていたときに飲ませ、旅人であったときに宿を貸し、裸であったときに着せ、病気のときに見舞い、獄にいたときに訪《たず》ねてくれる者こそ、主に仕える人であるといっています。

また、金持ちが天国にはいるのは、ラクダが針の穴を通るよりさらにむずかしいといってもいます。おそらく、人類史上、貧しい者、虐《しいた》げられた者に、これほど積極的な価値を見いだした宗教は、ほかにはなかったといってもよいかもしれません。この点でキリスト教には、普遍性があったともいえるでしょう。

しかし現実にヨーロッパに普及したキリスト教は、地中海の高度文明の担い手によって伝えられ、アイスランドでは、キリスト教に改宗しない者は大量に殺害され、改宗か死かが迫られるようにして普及していったのです。

生と死についての考え方の変化

さらにキリスト教は、生と死についてのそれまでの人びとの考え方を、大きく変更しようとしたのです。キリスト教が普及する以前において、死は生の延長でしかなく、死者はヴァルハラという場所で、生前と同じ身分で同じような暮らしをすると信じられていました。死者はいわば大宇宙へもどるのでした。

死者はときに生者の世界にもどってくることもあると信じられていたのです。生と死の境界はそれほどはっきりしていませんでした。人が死ぬということは、大宇宙に移ることにすぎませんでしたから、ひとたび旅に出て何かの機会に大宇宙に迷いこむと、人間も、狼や他の動物、植物や石に変身することがあると信じられていました。狼に変身した人間が、ふたたび小宇宙にもどって人間にかえることもあると信じられていたのです。

死とは大宇宙への移行にすぎなかったのですが、大宇宙と小宇宙の区別が原理的に否定されたキリスト教においては、生と死はどのような形をとることになったのでしょうか。

キリスト教の教えにおいては、死は生の延長線上にあるのではなく、生の決定的な断絶とされています。肉体は死後埋葬されますが、人類史の最後の瞬間に主が再臨し、すべての死者は肉体とともによみがえり、主の裁きをうけるのです。生前に人が行った善行と悪行の数々が計られ、善人は天国にはいり、悪人は地獄に落とされ、その状態は永遠につづくのです。

しかしながら、善行や悪行の基準も時代によって異なってきますから、たとえばヨーロッパでは、一三世紀に煉獄《れんごく》という新しい場所が想定されるようになります。死んですぐに天国行きの切符が手にはいらない普通の人は、死後しばらくの間煉獄で業火《ごうか》に焼かれ、苦しみ、この世における罪のつぐないをしなければなりません。つぐないがすめば、最後の審判において天国に行く資格が生ずるというのです。

この煉獄の思想は、利子をとることが禁止されていた中世キリスト教社会で、商人たちにも救いの道を開くためにつくられたものと考えることもできます。

いずれにしても、現世における短い生涯の間に行った行為によって、永遠の幸せか苦しみがきまるというのですから、それはとても苛酷な宗教といわねばなりません。

あるゲルマン人の族長は、司祭のすすめで洗礼盤《せんれいばん》のなかに足を入れようとしたとき、司祭に、天国に行っても先祖に会えるかとたずねました。司祭はあなたの先祖は洗礼をうけていないからみな地獄にいるので、会えないでしょうと答えたのです。すると族長は、あの世で先祖に会えないなら、自分はむしろ先祖に会える地獄に行くといって洗礼をやめたと伝えられています。

しかしこのような例はやがてまれになり、人びとは公的には、死後における天国と地獄の区別を信じ、現世の善行と天国での救いをひじょうに気にするようになります。この世の享楽を求める気持ちがないわけではないのですが、その彼方に死後の地獄の苦しみが待ちかまえていることがすぐに見えてしまうのです。

この時代につくられた墓石や地獄絵図をみると、当時の人びとがどれほど地獄の苦しみを恐れていたのかがよく解ります。地獄へのこのような恐怖は、現在の私たちには理解しにくいかもしれません。私たちの想像力はひじょうに貧しくなってしまい、自分の周囲のことしか想い浮かばないからです。

しかし中世の人びとの周囲は死にみちていたのです。栄養状態は悪く、病気にかかれば死を覚悟しなければなりませんでした。市門の外にはいつも犯罪者の死体が吊り下がっていましたし、市場には行き倒れの人の死体もしばしばみられたのです。

中世を通じて平均寿命は三十歳くらいでした。中世の人びとにとって生はつかの間にすぎ、死はきわめて身近なものでした。ですから現世において善行を積み、永遠の天国を夢みたのです。

各地に建った巨大な寺院

では善行とは何かが問題になりますが、マタイ伝の第二十五章で六つの善行があげられています。カトリック教会は基本的には貧者《ひんじゃ》に対する喜捨《きしゃ》を善行の筆頭にあげています。善行とは、いわば古代的な互酬関係の回路が、彼岸《ひがん》での救いを媒介にして変更されるための手続きと考えることができます。

イエスはルカ伝第十四章十二〜十四節で、次のようにいっています。「午餐《ごさん》または晩餐の席を設けるばあいには、友人、兄弟、親族、金持ちの隣り人《となりびと》などは呼ばぬがよい。おそらく彼《かれ》らもあなたを招きかえし、それであなたは返礼をうけることになるから。むしろ宴会《えんかい》を催《もよお》すばあいには、貧乏人《びんぼうにん》、不具者、足なえ、盲人《もうじん》などを招くがよい。そうすれば彼らは返礼ができないから、あなたはさいわいになるであろう」。

これは、与えた者には、必ずそれ相応のお返しがあるという互酬関係の原則を前提にして、お返しをこの世ではなく、天国で受け取るという形に回路を変更したものとみることができるのです。

ある人が死後に天国で救われたいと考えたとします。この人がまずしなければならないことは、財産を教会に寄進することなのです。教会はその財産の一部を貧民救済にあてますが、大部分は教会の建設その他に使います。寄進した人にとっては、自分の財産で教会を建てる援助をすることはたいへん名誉なことですし、それによって天国で救われるということを、大勢の人に示すことにもなり、多くの人から尊敬されることにもなります。

中世の人びとにとっていちばん大切なことは、モノではなく、多くの友をもつことでしたから、モノはそのために必要だったのです。モノを教会に寄進すれば、多くの人の尊敬を集める結果となり、友をえることもできたのです。こうして人びとは競って教会に財産を寄進しました。

かつては個人と個人、集団と集団の間の互酬関係か、人間と神々の間の互酬関係しかなかったのですが、キリスト教とともに教会という権力が、人と人との互酬関係の間にはいり、天国か地獄かという絶対的な終着点を基準にして、人と人との間にやりとりされていたモノ（財産）が、教会に大量に流入することになったのです。

キリスト教会は古代的な互酬関係の回路の変更によって、厖大《ぼうだい》な財産を集め、それによって巨大な大寺院を建立《こんりゅう》し、中世教会文化の中心に立つことになったのです。それを生み出したもっとも根源的なエネルギーが、死と生についての考え方の変化にあったことは、これまで説明したとおりです。

こうして一一、二世紀から一四、五世紀の間に、ヨーロッパの各地に、大きな寺院がそびえ立つようになりました。それより少し前の商業の復活とあいまって、各地に都市が誕生します。その都市には大学もつくられ、ヨーロッパ社会は外観においても大きな変貌をとげたのです。このような外観の変化をもたらしたもっとも根源的な原因は、新しいキリスト教の教義によってつくられていった新しい人間関係の誕生でした。

キリスト教は建て前としてはすべての人間は神の前に平等であると説き、死後の救いについては、教皇も皇帝も農民もまったく同じく善行のいかんによると説いていました。教皇が地獄で苦しんでいる絵などもしばしば描かれていました。現実には皇帝や教皇は封建社会の階層秩序の頂点にいたのですが、その教皇ですら敬わなければならなかったのが、現世のいっさいの所有を否定して森の中で苦行している隠者だったのです。中世社会は、無所有の隠者を理想的人間像としてかかげる社会だったのです。現世のすべての出来事は、神の摂理によってあらかじめきまっているけれども、人間は無知で信仰が薄いために、それを理解できないのだというのです。そこで人びとは神が創造した自然を観察し、自然のなかに神の創造の論理を発見しようとしたのです。自然は全体として、ひとつの客観的な論理構造をもつものだと考えられていたのです。

このような態度から自然観察の芽が生まれてきました。自然を自分の外にあるものとして客観的に観察しようとする姿勢が生まれたことは、近代自然科学の最初の一歩を踏みだしたものとみることができます。

新しい人間関係の成立

同じころに、機械時計が発明されています。本来時計は修道院のなかで祈禱《きとう》時間を正確に計るために用いられていたのですが、歯車を用いた機械時計の発明は、その後の人類史の全体を規定するような大きな意味をもっていました。

それまでの時計は、日時計や水時計、砂時計などで、いわば自然のリズムに合致したものでした。中世の人びとにとっては、正確な時間を知る必要はほとんどありませんでしたから、それらの時計で十分だったのです。狩りに出たときは、獲物を捕らえたとき、あるいは逃げられたときが狩りの終わりでしたし、農民にとっても、夜が明けてから陽が沈むまでが仕事の時間でした。

機械時計の発明によって、自然のリズムとは違った客観的な時の計測が可能になったのです。このことは、商人の活動にとっては大きな意味をもっていました。客観的な時間の計測が可能になったために、利子の計算が正確にできるようになりましたし、契約についても正確さが求められるようになりました。

それまでは旅の日程や距離は、宿泊日数や、昼と夜が何回あったか、馬を何頭とりかえたか、といった事実で計っていたのですが、以後は、ある町から別の町までは歩いて何時間、馬で何時間という計算ができるようになったのです。こうして機械時計の発明は、人間関係が客観的な基準によって計られてゆくきっかけとなり、均質的な時間や空間が生まれる出発点ともなったのです。

こうした事態の背後には、新しい公観念の成立があったのです。それ以前の社会では、与え、返すという互酬関係が社会の公的な関係の基礎となっていました。しかし、贈与・互酬関係の中心に教会が介在することになった結果、日常的な人と人との関係にも来世での救いが影をおとし、やがて教会だけでなく、都市や国家までが個々人の来世での救いのために、なんらかの役割をはたすという機能を引き受けるようになっていったからです。

日本では、国家や都市は宗教色が薄いと感じられています。むしろ特定の宗教と関係をもたないほうが良いとされています。このころのヨーロッパに成立した都市も国家も、終局的には個々人が死後天国に行けるように配慮すべき機関としての性格をあわせもっていたのです。完全な世俗国家ではなく、なかば宗教的な制度として都市や国家が生まれたのです。

このことは、個々人の人間関係の間に、客観的で絶対的な規定をもつ枠組として、都市や国家が成立したことを意味していました。

個人と個人の間の関係に絶対的な価値としての救いの問題が介入し、それが教会という権威と、国家や都市という制度によって支えられているという状態が生まれたのです。

この事情は、結婚の形の変化にもっとも明瞭にあらわれていました。一二世紀ごろから、結婚は教会で行われるようになりました。それ以前には教会は結婚とは特に関係はなかったのです。現在でもキリスト教会の結婚式にみられる、「あなたは○○を妻として、病めるときも健やかなときにも愛することを誓いますか」という誓約の原型は、すでにこのころに生まれていたのです。

人間と人間の関係のなかには、誓約はどこの社会でもあるでしょうが、ヨーロッパにおいては、その誓約を破ったばあい、彼岸において地獄におち、永遠の苦しみを味わうことになるという条件が、一一、二世紀以後、結婚式だけでなく、家の賃貸契約や、人間関係のすべてにわたってつけられることになったのです。

この条件そのものは、時がたつとともに徐々に弱まってゆきますが、ひとたびこのような条件があらゆる人間関係について成立した社会は、このような条件が弱い社会に比べて、人間関係が合理的な形で組織化されることになるでしょう。人間関係の全体が合理的になるのです。

合理的ということは、解りやすくいえば予見ができるようになるということです。人間関係が、偶然とか個性や感情によって左右されることは当然ですが、社会の大きな枠組としての人間関係が予見しうるようになるということは、その社会の行動力をひじょうに高めることになるでしょう。

一一、二世紀以後のヨーロッパが、それまではるかに先進地帯であったイスラーム文化圏などの影響から徐々に抜け出して、全世界にその文化を広げてゆくようになるいちばん奥深いところに、これまでお話ししたような、死と彼岸における救いを媒介にした、新しい人間関係の形成があったのです。

このような新しい人間関係の成立は、いうまでもなくモノを媒介にした人間関係や、目に見えない絆によって結ばれた従来の人間関係とは異なった関係をもたらしますから、そこには大きな軋轢《あつれき》が生じます。その軋轢の最大のものが、新たに差別され、賤視される人間が生まれたことなのです。

第八章

人はなぜ人を差別するのか

文明と文化・ことばの定義

では、前章でお話ししたような新しい人間関係が生まれた結果、一一、二世紀以降のヨーロッパ社会は、日本とはどのように違った社会をつくることになったのでしょうか。

この問題を考えるにあたって、私たちは一般的に用いられている文明、文化という概念を新たに吟味しなければならないでしょう。世間で一般に用いられていることばの意味からややはなれて、私は文化を次のように理解したいと思っています。

第六章でお話ししたように、人間と人間の関係は、大地や風土、動物や植物、食物や道具などの、目にみえるモノを媒介にして結ばれていると同時に、愛や信仰、掟や思想、音楽といった、目にみえない絆によっても結ばれています。このような人間関係の総体が文化なのだと私は考えているのです。

どのような国にも固有の文化があることはよく知られています。イースター島のモアイや、中国の万里の長城、インディアンのトーテムポールや、バリ島のケチャ踊り、ヨーロッパの大寺院建築、エジプトのピラミッドなどは、文化のしるしとみられるでしょうが、もっと奥深く考察すれば、これらのすべては人間がつくったものであり、それぞれの民族がこのような文化財をつくらざるをえなかったのは、それぞれの民族が固有の人間とモノとの、そして目にみえない絆との関係を結んでいるからだということが明らかになるでしょう。

芸術作品は、絵画でも彫刻でも音楽でも、すべてモノを媒介とした人間と人間の関係と、目にみえない絆によって結ばれた人間と人間の関係の総体のなかから生まれたものなのであって、芸術作品の背後に、それを生み出さざるをえなかった人間と人間の関係をよみとることができなければ、その社会と文化を十分に理解したことにはならないといってよいでしょう。

ところが、それは、じつはひじょうに困難なことなのです。なぜなら、モノを媒介とした関係というとき、このモノは、一般的で普遍的なモノではありえないからです。それは必ず特定の地域の、特定の名前がついたモノなのです。

また、目にみえない絆のなかに、言語を含めることもできるでしょうが、言語はいうまでもなく、その地域固有のものですから、他の地域の人には十分に理解しえないものなのです。またことばには、長い間にさまざまな微妙な意味が付着し、それも他の地域の人間には、なかなか理解しにくくさせる原因のひとつなのです。

したがって、モノを媒介にして結ばれ、さらに目にみえない絆によって結ばれた人間関係は、どうしても地域の特性を帯びざるをえず、それは他の文化圏の人には近づきにくいものになる傾向があるのです。

例をあげればかんたんに解ることですが、日本は必ずしもひとつの文化圏をなしているわけではなく、大きく分ければ、東国と西国に分けられるでしょう。この二つの文化圏では、食物の好みやことば、その他葬式の仕方にいたるまで、かなりの違いがあります。もっと厳密にいえば、地域の方言ごとにさまざまな文化圏があるといってもよいでしょう。

私たちがある村に引っ越しをしたばあい、村人に対等な仲間として受け入れてもらうためには、かつては数百年以上の年月を要したのです。同じ気候風土のなかで、血縁関係も濃く、同じものを食べ、同じ慣習を分けもっている人びとの集団が、文化の最小単位であるといってもよいでしょう。

こう考えると、文化は地域の色に染まり、他の地域の人には容易に理解できない深みをもつことから、極端にいえば、非合理的な特徴をもたざるをえないということになります。

このような意味での文化は、世界のどこにおいても、複数の人間が暮らしているかぎり成立しているのですが、一一、二世紀にヨーロッパで成立した新しい人間関係に基づく文化は、他の文化圏の、あるいはそれ以前のヨーロッパの文化とは異質なものでした。そこで、それを文化と区別して、私は文明とよんでおきたいと思うのです。

ヨーロッパ文明の成立

ヨーロッパで一一、二世紀に成立した新しい文明は、前章で述べたことからある程度は解るように、人間と人間の関係の根底に、モノを媒介とした関係があることを否定するものではありませんが、それよりもむしろ、目にみえない絆によって結ばれた関係を重視しようとしたものでした。

つまり、彼岸における救いを確かなものにするために現世で善行を積み、その証しとして教会に財産を寄進し、個々の人間関係においても、彼岸における罰を条件として誓約が結ばれる社会が、徐々に生まれていたのです。

このことはすでにお話ししたように、人間関係の総体が、一応予見しうるということを意味しており、そのかぎりで合理的、機能的になるという特徴をもっています。そして、キリスト教は全世界に教えを広めてゆくという使命をもっていますから、特定の地域の特定の人びとによってのみ担われるのではなく、全世界の人びとを包含するキリスト教世界を創り出そうとしていたのです。この意味では既存の文化と違って、構成員はだれでもよいことになり、地域を越えた普遍性をもとうとしていたことになります。ラテン語を共通語とするこの文明には、スイスの一寒村の貧しい少年でも、ラテン語を学び、読み書きができるようになれば、その担い手になりえたのです。ヨーロッパ文明がこうして、一一、二世紀に徐々に聖職者や神学者、学者たちを中心として、各地に形成されてゆき、はじめは修道院や大学を拠点としていましたが、やがては都市もなんらかの形でその担い手となり、技術者たちも加わるようになります。

現在私たちがヨーロッパを訪れて、見物する古い建物や文化遺産の多くは、この文明が生み出したものなのです。

では、ヨーロッパにおいては、各地域の文化はどうなったのでしょうか。このことこそ、私たちが学ばなければならない点ですが、ヨーロッパにおいて一一、二世紀以降、大学や修道院、都市を中心として徐々に形成されていった文明は、各地域の文化を土台としていたのです。

たとえば、大学は都市が誘致し、財政上の負担もときにはもち、貧しい学生には奨学金を出して支えていたのです。大学生と町の職人たちとの間にはしばしば軋轢が生じ、タウン（町）とガウン（大学生）の争いもみられたのですが、文明が形成されて

貢物をおさめる農民たち。1479年の木版画から。

ゆく過程では、各地域の文化はそれを支えようとしていたのです。たとえば、スイスの寒村の貧しい家の少年が司祭になろうとしたとき、村中がこの少年を支援し、資金を出したりしているのです。

新たに形成されていった文明は、具体的なモノを媒介とする関係よりも、目に見えない絆を媒介とする関係に重点をおいていましたから、現実の社会に対しては、はじめのうちは具体的な力をもつこともできず、各地域の文化に支えてもらっていたといってもよいでしょう。

人間と人間の関係のなかで、もっとも幸せな状態は、モノを媒介とする関係と、目にみえない絆によって結ばれた関係とが、たがいに相覆《あいおお》いあう状態だと私は思っています。モノを媒介とする関係が強く正面に出ている現在の日本のような状態は、必ずしも人間にとって幸福とはいえないでしょう。しかし、目にみえない絆によって結ばれた関係が強く正面に出てくる社会もまた、幸福な社会とはいえません。

西洋文明は、形成されはじめたころには、各地域の文化におぶさった形で生まれましたから、はじめのうちは両者の関係はそれほど対立してはいませんでした。しかしながら、中世末になると、文明のもつ合理性や機能性が徐々に強化されてゆきます。西洋文明はキリスト教の普及とともに成立しましたから、カトリックが、古代以来の互酬関係を教義のなかにとりこみ、善行と彼岸の関係について、すでに述べたような回路を設定していたかぎりで、新たに成立した文明のなかにも、モノをめぐる関係がはいりこまざるをえませんでした。

西洋文明はこうして、目に見えない絆のみにかたよることなく、モノを媒介とする文化の世界と矛盾しない関係をつくっていったのです。

高村光太郎《たかむらこうたろう》の詩から

ところが、プロテスタンティズムが成立するころになると、古代以来の互酬関係をとりこんだ善行と、彼岸を結ぶパイプは切られてしまいます。

宗教改革者マルチン・ルター（一四八三～一五四六）は、人間が彼岸で天国に行くために、善行はなんの価値ももたないと説き、天国に行けるかどうかは、もっぱら個々人の信仰心にのみかかっていると説いたのです。この教えはカルヴァン（一五〇九～六四）によってもっときびしくなり、人間が救われるかどうかは個々人の努力によるのではなく、あらかじめきまっているのだという、いわゆる救済予定説にまで進んでゆくのです。

ここで宗教は、人間と人間の関係のなかから、モノを媒介とする関係をいっさい捨てさり、目にみえない絆によって結ばれた関係に、大きな力点をおくことになったのです。

こうして西欧近代社会においては、精神化された人間関係が正面に出てくるのですが、いうまでもなく、人間は肉体をもっていますから、モノを媒介にした関係なしには一日たりとも生きてゆけないのです。

したがってプロテスタンティズムにおいては、目にみえない絆によって結ばれた関係になんら対応するところのない形で、モノを媒介とする関係がつくられてゆき、それはやがて資本主義社会の成立によって、資本の論理、つまり貨幣自体の論理によって人間関係が規定されてしまう道がつけられることになったのです。

ヨーロッパ文明が特殊な地域文化の域をこえて世界に広がってゆくためには、このような手続きが必要でした。なぜなら、具体的なモノからはなれたからこそ、西欧文明は異質な国々にも輸出され、受容されるようになったからです。

しかしながら、このような経過のなかで西洋文明は、人間関係の重要な要素を見失いかけていたのです。近代になると、このことに気付いた人びとが、各地域文化を再発見しようと努力しはじめ、現在では各地域文化が、新しい文明となんとか共存できる形がつくられています。

この間の事情を、日本人としてつぶさに体験したのが、詩人の高村光太郎であったと私は思うのです。高村光太郎は「出さずにしまった手紙の一束《ひとたば》」のなかで、パリを次のようにうたっています。

僕には又《また》白色人種が解き尽《つ》くされない謎である。僕には彼らの手の指の微動《びどう》をすら了解する事は出来ない。相抱《あいいだ》き、相擁《よう》しながらも僕は石を抱き、死骸《しがい》を擁していると思わずにはいられない。その真白な蠟《ろう》の様な胸にぐさと小刀《クウトウ》をつっ込んだらばと思う事が屢々《しばしば》あるのだ。僕の身の周囲には金網《かなあみ》が張ってある。どんな談笑の中、団欒《だんらん》の中へ行っても此《こ》の金網が邪魔をする。海の魚は河に入る可《べ》からず、河の魚は海に入る可からず。駄目《だめ》だ、早く帰って心と心とをしゃりしゃりと擦り合せたい。寂しいよ。

それはまさに文化としてのパリにふれたときに、そこから排除され、そこに溶けこめない異邦人としての悲しみをうたった詩です。光太郎が滞在していたパリにも、厳然として、文化としての、地域文化としてのパリの生活があったのです。ところが、

「暗愚小伝《あんぐしょうでん》」のなかで光太郎は同じパリを、次のようにうたっているのです。

私はパリで大人になった。
はじめて異性に触れたのもパリ。
はじめて魂の解放を得たのもパリ。
パリは珍しくもないような顔をして
人類のどんな種属をもうけ入れる。
思考のどんな系譜をも拒まない。
美のどんな異質をも枯らさない。
良も不良も新も旧も低いも高いも、
凡《およ》そ人間の範疇《はんちゅう》にあるものは同居させ、
必然な事物の自浄作用にあとはまかせる。
パリの魅力は人をつかむ。
人はパリで息がつける。
近代はパリで起り、
美はパリで醇熟《じゅんじゅく》し萌芽し、

頭脳の新細胞はパリで生れる。
フランスがフランスを超えて存在する
この底無しの世界の都の一隅《いちぐう》にいて、
私は時に国籍を忘れた。
故郷は遠く小さくけちくさく、
うるさい田舎《いなか》のようだった。
私はパリではじめて彫刻を悟り、
詩の真実に開眼され、
そこの庶民の一人一人に
文化のいわれをみてとった。
悲しい思《おもい》で是非《ぜひ》もなく、
比べようもない落差を感じた。
日本の事物国柄《くにがら》の一切《いっさい》を
なつかしみながら否定した。

これは前の詩となんという違いようでしょうか。ここには文明としてのパリに触れた光太郎がいるのです。文明としてのパリに触れたとき、光太郎は自由を感じ、ヨーロッパで解放の息吹《いぶき》をうけとめたのです。どちらのパリがほんとうなのかを問うのはばかげています。どちらもほんとうのパリなのです。

文明として熟していない日本

私たちはヨーロッパを文明の次元だけでうけとめ、文化の次元を比較的なおざりにしてきたのです。明治以降の日本人はみなヨーロッパの文明の姿だけをみては、自らの祖国をかえりみて、哀しい思いをしたり、自己卑下したり、絶望したりしていたのです。この自己卑下や絶望にまったく理由がなかったわけではありません。人間が自己に絶望し、自らの祖国の実状を哀しい思いでみるとき、そこには真実の姿がみえるからです。高村光太郎だけでなく、金子《かねこ》光晴《みつはる》の詩「落下傘《らっかさん》」や「おっとせい」にも、同じく日本人の真実の姿がみえています。私たちはそのことを忘れるわけにはいきません。しかしながら、このようになった事情は知っておく必要があります。

日本は文化としては十分に成熟した国ですが、文明としての特質はいまだきわめて不十分な形でしかもっていないのです。すでにお話しした条件を想い出していただければすぐに解ると思います。

ヨーロッパでは、日本人の学者でも優秀であれば、国家公務員として国立大学の教授になれます。ベルリンフィルその他の交響楽団で、コンサートマスターにもなれます。もちろん指揮者にもなれるのです。オペラのプリマドンナも演ずることができます。

しかし、アメリカ人や中国人、あるいはフランス人が日本の歌舞伎で舞台をつとめる姿は、おそらく今世紀中にみることはできないでしょう。この点については、わが国は絶望的に閉鎖的です。

歴史研究には史料が必要ですが、日本の古文書のほとんどは私蔵されていて、一般の人はなかなかよむことができません。たとえどこかの大学が保管しているばあいでも、だれでもがよむことができるわけではないのです。つてをたどって、手みやげをもってゆき、お願いしなければよむことができないのです。しかしドイツのばあいは、どこの国のだれであろうと、文書館にゆきさえすれば、どんなに貴重な文書でもよむことができるのです。

文書館や図書館が全世界の人間に公開されている国と、特定の互酬関係にある人間にしか開かれていない国との差は、たんに文化と文明の差以上に大きな違いに私たちには見えるのです。日本の現状はこのとおりですが、今後はこの問題の所在に気付き、改善する意志さえあれば、開かれた国にすることができるでしょう。

なぜ被差別民が生まれたのか

次に目を向けたいのは、西欧文明と文化の根底にあるいわば影の部分です。第六章でとりあげながら答を出していない被差別民、賤民がなぜ、一三、四世紀以降のヨーロッパ社会に生まれたのかという問題を考えてみたいと思います。ヨーロッパにも被差別民がいたということは、ジプシーやユダヤ人などのほかには、長い間日本の歴史学界では知られていませんでした。

第五章でお話ししたように、ハーメルンの笛吹き男と出会うまで、私もその存在に気付かなかったのです。日本で出されている歴史教科書にも、また世界史講座や西洋史講座にも、被差別民の話はのっていません。日本の歴史学界ではまったく無視されてきたのです。

それればかりではなく、ドイツの歴史学界でも、ごく一部の書物をのぞけば、被差別民は正当な扱いをうけてこなかったのです。西洋の学問は前段でお話しした文明の落とし子ですから、文明の立場にたつかぎり、被差別民などあってはならない存在なので、無視したのでしょう。

しかし文化の次元では、被差別民は無視することはできません。民俗学や文学のような文化の次元にも目を注ごうとする学問においては、早くから被差別民の姿が現れています。

日本にも差別されてきた被差別民がいます。ここでは日本の被差別民の歴史も念頭におきながら、ヨーロッパ、特にドイツの被差別民の成立と解体についてお話ししたいと思います。

すでに第五章でみたように、数多くの被差別民が成立するのが一三、四世紀以降で、それ以前はこれらの仕事そのものはあったのですが、まだ職業として成立していませんでした。それは高位聖職者や家長などによって行われていたのです。

そのころまで、それらの仕事が賤しいものだと、だれも考えてはいなかったように思われます。それがなぜ、一三、四世紀以降、賤しまれるようになったのでしょうか。この問いに答えるためには、差別する心の構造に目を向けなければならないでしょう。

成績の優秀な人が、あまり出来ない人を軽んずることがあっても、それは差別であるかもしれませんが、賤視ではないでしょう。社長が平社員を軽んずるようなことがあっても、それは人間としての差別になるかもしれませんが、賤視とはいえないでしょう。

賤視は第六章でお話ししたように、身分の上下のなかで起こる現象ではなく、それとは次元を異にする問題なのです。賤視というばあい、私は畏怖の感情が根底にあると考えています。ただ軽んずる心だけではなく、恐れという感情が屈折して賤視に転化してゆくのだと思うのです。

第五章であげたさまざまな職業をもう一度想い出してみますと、それらがおおまかにいって、死、彼岸、死者供養、生、エロス、豊饒、動物、大地、火、水などとかかわるものであることが解るでしょう。そしてこれらのエレメントが、すべて大宇宙に属するものであることに注目する必要があります。

二つの宇宙の一元化

一一、二世紀以降、村落共同体が二十戸以上の集落として形成され、村のまわりが垣根で囲まれるようになると、村はひとつの小宇宙として意識されるようになります。隣り村と直接結ぶ道はほとんどなく、ひとつの独立した空間としての村が生まれたのです。

同じころ、都市も市壁をめぐらした小宇宙として各地に生まれています。これらの村落共同体や都市共同体においては、大宇宙との互酬関係は、かつてのように家長に

パンを焼き、豚を屠殺する農民たち。フランドルの暦から（16世紀）。

ゆだねるわけにはいきません。

浴場はゲルマン時代にはほとんどが水浴でしたが、このころに公衆浴場がつくられてゆきます。そこでは大量の水を川から引き、大きな火を扱わねばなりません。浴場主が大宇宙を相手にする職業であることはすぐに解ることだと思います。理髪師と外科医は、たいていのばあい浴場主がかねていました。いずれも人体という小宇宙に対して手を加える立場でもあるので、小宇宙と大宇宙の狭間《はざま》に位置する職業であるといえるでしょう。

粉挽きについてはすでに述べました。死刑執行人は、人間を小宇宙から大宇宙へ移行させる職業としてこのころに成立します。このほか、羊飼いは大宇宙である野原で一人で羊を牧する職業ですし、遍歴芸人は定住せず、小宇宙と小宇宙の間を遍歴して歩くがゆえに、大宇宙に属する人間とみられていました。

もちろん、彼らのかなでる音楽も、この点では大きな意味をもっていたのです。問題はそれらの人びとがなぜ賤視されたのかという点にあります。

これらの職業は、小宇宙と大宇宙の狭間に成立し、大宇宙を相手にする特異な能力をもつ人間として、定住民から畏怖の目でみられていました。しかし、キリスト教は二つの宇宙の構図を否定したのです。

すでにお話ししたように、大宇宙の神秘は神の摂理として信仰ある者にはすべて説明しうることとされていましたから、大宇宙の諸力に対する畏怖の念は、公的には否定されてゆくのです。カトリック教会は教義のなかで二つの宇宙を否定し、一元化しようとしています。妥協案として大宇宙は神そのものだという考え方も出されましたが、一般の人びとにとっては、大宇宙そのものの恐怖は、キリスト教の教義によって消え去るわけにはいかないのです。

森の狼の叫び声は相変わらず森の恐ろしさを感じさせましたし、洪水は大宇宙の破壊力を示しています。嵐や不作も、人為のむなしさを教えてくれたのです。人びとはキリスト教の教義を信じながらも、自然の脅威に翻弄され、大宇宙に対する恐れの念をもちつづけていました。

キリスト教会は、一般の人びとの大宇宙に対する恐れの気持ちを打ち消すために、あらゆる努力を払いました。人びとが信仰の対象としていた古い大木を伐採したりもしたのです。しかし、自然に対する畏怖の念を完全に消すことはできませんでしたから、人びとの畏怖の念は屈折した形をとらざるをえませんでした。

つまり、内心ではひじょうに恐れ恭《うやま》っている人びとが、公的な世界ではその存在を否定され、社会的な序列からはずされていたからです。二つの宇宙が一元化されたからといって、すでにあげた職業がなくなったわけではなく、村落共同体や都市共同体にとっては、いよいよ生活に必要な職業となってゆきます。

しかし、キリスト教の教義のなかでは、これらの職業はなんの位置ももつことなく、むしろ芸人などは存在を否定されていたのです。心の底で恐れを抱いている人びとが、社会的には葬られながら、現実に共同体を担う仕事をしているという奇妙な関係が成立したのです。このような状況のなかで、一般の人びとも、それらの職業の人びとを恐れながら遠ざけようとし、そこから賤視が生ずるのだと私は考えています。この事情を上手に説明することはむずかしいのですが、ひとつの例でお話ししましょう。

教師はときどき、自分よりはるかに潜在的能力のある生徒に出会うことがあります。そのようなとき、その生徒の能力を生かし、伸ばそうとするのが教師の務めですが、必ずしもすべての教師がそのようにできるわけではありません。

ときには教師はその生徒に恐れをいだき、自分が他の生徒の前でばかにされるのではないかと感じます。そのようなとき教師はその生徒を恐れながら、おさえこもうとします。ルールや礼儀などをふりかざして、率先して生徒のイジメをすることがあるのです。およそこのような心的状態を想像していただければよいかと思います。

死刑執行人は一四世紀頃から賤民視《せんみんし》されてゆき、だれも彼のかたわらに近よらなくなります。しかし、大病にかかった人や病人をかかえている家族は、夜中にこっそり死刑執行人の家を訪れ、死者の血をもらって病人に飲ませたりしていたのです。そのようなことが知られるとたいへんですから、昼間は血をもらった恩義も忘れ、死刑執行人と目を合わせないようにしていたのです。

被差別民は、およそ以上のような心的構造のなかで成立したといってよいでしょう。そしてこれらの被差別民が解体してゆくのは、共同体が解体した一八、九世紀のことでした。

第九章 二つの昔話の世界

メルヘンの謎

二つの宇宙の構図が一つの宇宙に一元化されてゆくなかでヨーロッパ文明が成立し、それが近代社会においては全世界に広がってゆく経過を頭に入れておくと、これまで解くことができなかった多くの謎が解けてきます。その意味では、二つの宇宙の問題は、ヨーロッパ史のもっとも重要な枠組であるといってよいでしょう。

しかし、これまで日本でもヨーロッパでも、二つの宇宙の構図によって歴史を解釈したり、中世人の心の動きを解明しようとした試みはほとんどありませんでしたから、以下においてはいくつかの例をあげておきたいと思います。いずれもこれまでまったく解明されていなかった問題が、二つの宇宙の構図によってはじめて明瞭になってきたものと私は考えているのです。

ひとつはだれもが知っているメルヘン（魔法昔話《まほうむかしばなし》）の謎です。

私たちは子どものころから、グリム童話集やアンデルセン童話集を通して、メルヘンをよくよんでいます。最近ではメルヘンの研究もひじょうにさかんになって、いろいろな新しい研究が生まれています。しかし私には、メルヘンのもっとも重要な構造はまだ明らかにされていないと思われるのです。それは、メルヘンがどのような状況のなかで、どのような必要に基づいてつくられ、語りつがれていったのかという問題です。

私たちはグリム童話などの話を、架空の話としてよんでいるように思われるのですが、いったい何が架空で、何が真実なのかはっきりさせることはむずかしいのです。なぜなら、グリム童話などに集められている昔話の多くは、中世前後の人びとの願望を語ったものですから、願望としては真実であったと思われるからです。

それだけではありません。中世の村や町の出来事や生活の形態を調べてみると、メルヘンに語られている基礎的事実の大部分が、重要な事実であることに気付くのです。

いくつかの例をみましょう。

メルヘンにはしばしば土地を測るのに、人間が歩いた実際の距離が使われています。王がある男に土地を与えるとき、陽が登ってから沈むまでの間に歩いてまわれるだけの土地を与えるという話があります。

昔話では、あまり欲ばったために、陽が沈む前に出発点にもどることができず、ゴール直前で倒れて死んでしまうのですが、これは私たちからみると幻想的でお伽話《とぎばなし》的にみえます。しかし中世における土地の測り方は、基本的にはこのような形で実際に歩いて行われていたのです。

一フットが足の長さであることはだれでも知っていますが、ドイツ語のエルレは肘《ひじ》の長さですし、英語のスパン（span）とは、親指をのばし、小指をのばした間の長さをいいます。人体の部分が長さの単位になって今日《こんにち》にいたっているのです。いわば小宇宙としての人体が、大宇宙を測る尺度になっているのです。

この点では、地球の子午《しご》線《せん》から割り出された国際的な単位としてのメートル法の普及は、それまでの、いわば文化段階の度量衡《どりょうこう》に大きな変更を加えるものであったといってよいでしょう。

スイスでは道路の幅を定めるのに、婦人が両手に牛乳のはいったバケツをもって歩ける幅でなければならないとしています。教会への道の幅を定めるときに、花嫁が両側に付きそいの人を二人つけて歩ける幅と定められています。

もっと有名な例をあげますと、中世の農民一家族あたりの標準的土地面積は、一フーフェとされていました。これは犂《すき》をつけた牛四頭が午前中に耕せる面積を一モルゲン（朝）として、三十モルゲン（つまり一カ月分）を一フーフェとしたものです。フーフェは近代にいたるまで、長い間土地測量の重要な単位でした。

グリム童話から

グリム童話（八十九番）に、ガチョウ番のおんなの話があります。

昔ある国の王女が遠い国に嫁入りすることになり、腰元《こしもと》を一人つれて旅立ちました。途中で腰元が王女になりすまし、王女は下働きの女として目的地につきました。王女はガチョウ番をさせられたのですが、家から連れてきた馬のファラダは口がきけるので、腰元は自分のしたことがばれるといけないと思って、王子に頼んで馬を殺させたのです。

王女はファラダの首を門に釘《くぎ》でうちつけてもらい、毎朝話をしていたのです。このことが王の耳にはいり、王は王女に近づいて、ことのいきさつを知りました。王女は元の姿にもどり、祝宴が開かれ、その席には腰元もいたのですが、王女があまり美しいので、自分の元の主人であるとは気付かなかったのです。

王は腰元に、腰元がしたことを話し、このようなことをした者をどのように処分したらよいかとたずねました。すると腰元は、「その女はまっぱだかにして着物をはぎとり、樽《たる》の中へ入れます。樽の内側にはとがった釘を打ちつけておきます。それからその樽に白馬を二頭つけて往来を上手《かみて》下手《しもて》のきらいなく、ひきずりひきまわして殺してしまうのがいちばんよろしゅうございます」（金田鬼一《かねだきいち》訳）と答えたのです。そこで腰元は自分のきめたとおりに処刑されたのです。

この話のなかには不思議なことがたくさんありますが、樽の中に釘を打ちつけておいて人間をいれ、ころがすという刑罰は、中世において現実に行われたことがあるのです。現代の私たちには身の毛もよだつようなこの刑罰の形は、決して架空のものではありませんでした。法律の書物にものっているのです。このほかにも、生きたまま埋めたり、生きたまま胸に木の杭《くい》を打ちこむ刑罰なども現実に行われていたのです。ある村では娘が強姦されたばあい、犯人を穴のなかに横たえ、娘が自ら犯人の胸に木の杭を打ちこみます。犯人はこうして死ぬわけですが、この行為によって娘の純潔はもどり、娘はふたたび処女になったと村人は信じたということです。

王様のいうことを聞かなかった賢者たちを穴のあいた舟にのせ、オールもなしに水と食料をわずかに与え、海に流す刑などもありました。グリム童話に出てくる一見残酷に思われる刑罰は、ほとんど現実に中、近世の社会で行われていたものだったのです。

以上の基礎的事実のほかに、昔話の構造に目をむけてみますと、これらの話の多くが、大宇宙と小宇宙との関係のなかでつくられたものであることが解ります。

中世人の夢物語

有名なシンデレラの話をみましょう。

シンデレラはいつも灰だらけで、美しく着飾った姉たちをうらやましく思って泣いていました。しかし彼女にあるときチャンスが訪れ、王子様と結婚することができました。話の筋はこうなのですが、ソビエトの昔話研究家ウラジーミル・プロップという人が、贈与者ということばを使っているある存在が、必ず昔話には登場します。

シンデレラは王子と結婚できるように、なんらかの努力をしたわけではまったくないのです。ただあるとき妖精が現れ*、彼女に美しい服とガラスの靴と馬車などをプレゼントしてくれたのです。この妖精が大宇宙の存在であることはいうまでもありません。

昔話の主人公がなんらかの幸運をつかむとき、そこにはつねに大宇宙の妖精や霊などの存在があったのです。昔話の主人公が努力したり工夫したりして、自分一人の力で道を切り開いてゆく話はひじょうに少なく、ほとんどないといってよいでしょう。それは昔話を創った人びとが生きていた社会、あるいは当時の宇宙と人間の関係を反映したものだったのです。

すでにお話ししたように、中世の人びとは村や町、あるいは家といった小宇宙のなかで生活していましたが、いつも不安と恐れにとりまかれていました。病気になれば死を思わないわけにはいきませんでしたし、不作になれば飢え、戦争も災害も人為ではどうにもならないものでした。

中世の人びとは朝から晩まで、おそらく夜寝ているときも、不安のなかで生きていたと思われます。現在の私たちのばあいもそれほど事態は変わっていないのですが、現代社会には不安を隠蔽するさまざまな技術があります。病気になれば病院に行き、医者の診断をうけ、かぜですからたいしたことはありませんといわれれば安心します。病院に行けばすべての病気が治るわけではないのですが、医者にみてもらうことでひとまず安心するわけです。

不作や災害の恐怖、あるいは失業や病気に対しては、貯金をしたり、保険をかけたり、いろいろな手段を講じています。しかし今でも私たちは地震に対しては何一つ絶対的な対抗手段をもっていませんから、今この瞬間に大地震が起きるかもしれないという恐怖は、だれの胸のなかにもあるでしょう。

中世の人びとの不安も幸運も、すべて大宇宙から小宇宙にやってくるものと考えられていましたから、大宇宙とどのように折り合いをつけられるかが、中世人の最大の

村のリンデの木の下に集まった農民たち。
ディーポルト・シリングの年代記（1513年）から。

願いでした。さまざまな願望をそれぞれの神々に供え物をすることによってかなえてもらおうとしていたのです。

昔話はこのような中世人の夢を語ったものだといってよいでしょう。中世人が努力をしなかったわけではありません。彼らも日々努力をしていましたし、するべきことはみなしていたのです。しかし中世においては、彼らがどんなに努力してもどうにもならないことがあまりに多すぎたのです。

昔話の主人公はみな孤独です。そして必ず一人で旅にでます。分かれ道にさしかかっても主人公は迷いません。必ず小鳥や植物、動物、あるいは妖精などが道を教えてくれるのです。昔話の主人公はみなこうして大宇宙の力を味方につけた人びとでした。どんなにむずかしい難問にも平気で答えることができたのも、大宇宙の動植物や霊が、主人公の味方をしたからなのです。

グリム童話六番の忠臣ヨハンネスの話では、王子のために王女を連れて船で帰る途中、ヨハンネスは鳥の鳴き声で、自分と王子にせまっている運命と、その運命を切り開く方法を知ります。ヨハンネスは運命の命ずるままに足から石になってゆき、最後には全身が石になってしまうのですが、結局はもとの体にもどり、殺された子どもたちも生き返るのです。

このような話を読むと、私たちはまったく空想上の話だと思いがちですが、これまでお話ししてきた中世人の宇宙観の構造を想い起こしていただければ、中世の人びとが現実にこの話を信じていたことが納得できるでしょう。

中世の人びとにとって、大宇宙は混沌とした神秘的な世界でしたから、そこでは何が起こっても不思議はなかったのです。大宇宙へ行くことは、ときには死を意味しましたが、現世にもどり、生き返ることもあると信じられていたのです。楽園（パラダイス）もダンテの神曲に描かれているように、この地上のどこか（東）にあると信じられていた場所なのです。

したがって、大宇宙へさまよい出た人間が石になったり虫になったりしても、少しも不思議はないと中世の人びとは考えたことでしょう。

グリム童話の最初の話が蛙の王様ですが、印象深いのは、金のまりを拾ってもらったお礼に、蛙と一緒に食事をし、一緒に寝る約束をした王女が、実際に蛙がのそのそと食卓にあがってくるといやがって、つまみ出そうとしたとき、王様が、ひとたび口にした約束は守らなければいけないとさとす場面です。ここでは人間と蛙の間の約束が、対等な者同士の約束となっているのです。

昔話の成り立ち

このような話をよむと、これらの話がキリスト教が普及する以前のヨーロッパの、モノを媒介とする人間関係と、目にみえない絆を媒介とする人間関係の社会のなかで生まれたように思えてならないのです。

キリスト教が普及したのちも、各地域の文化は生き残っていましたから、そのなかで語り伝えられたのだと思われるのです。キリスト教の教義では、世界の中心は人間であるとされ、他の動植物は人間に奉仕するために作られたのであって、人間以外の動植物には霊魂はないと説かれています。

このような人間中心の思想がキリスト教の特徴なのですが、グリム童話に代表されるメルヘンには、キリスト教が説くような人間中心主義のかけらもみられません。キリスト教の人間中心主義は、ヨーロッパ文明を世界に普及させてゆくエネルギーになりましたが、同時に人間と動植物との共存という面で、生態学的な矛盾を生み出す原点にもなっています。

ここまで考えると、私は中学生のとき、修道女が蛇を追いかけまわして殺した姿を想い出し、あの人もキリスト教のこのような教義の犠牲者だったのだなと、今になって思うのです。

昔話の主人公はみな孤独ですが、つねに勇気があり、雄々《おお》しく、難問に果敢に立ち向かいます。しかしながら、昔話の主人公の内面性は十分に描かれていないのです。このことは中世の人びとの、世界とのかかわり方と深い関係があると私は考えています。

中世の人びとが書いたエッダやサガにも多くの人物が登場しますが、彼らの内面もほとんど描かれていないのです。内面が描かれていないだけでなく、エッダやサガには自然もそのものとして描かれていません。自然を讃美したり、美しいとみる部分が全然ないわけではありませんが、ほとんどありません。これらは、昔話の主人公の性格や、昔話の構図とまったく対応しています。

自然を対象化して観察したり、記述、分析したりするようになったときに、人間は自然と自己との距離を自覚し、そのときはじめて自分の内面も観察、記述の対象となるのです。中世においてはまだ人間と自然は、はっきりと区別されていなかったのです。

最後に昔話における時間について考えてみますと、昔話においては、時間は直線的に流れてゆかないのです。イバラ姫の話では、ツムに指をさされたイバラ姫は、百年の間眠ったままになっています。その間、城の中には埃《ほこり》がたまっていただろうとか、肉やスープは腐ってしまっただろうとか、現代の私たちは考えるのですが、昔話では百年たつと城内は百年前とまったく同じく何事もなかったかのように、すべてが動きはじめるのです。

一七世紀の作家ペロー（一六二八〜一七〇三）は、この話を書きかえ、王女が目覚めてみなでお祝いの会をしたとき、王女の服が古めかしくなっていたとか、王子と王女が新婚の床についたけれども眠らなかった、たっぷり眠ったあとでしたから、などと書いています。

これはペローが、昔話が中世社会のなかで生まれたということを無視し、昔話のなかに近代的な直線的な時間をもちこんだために、話としてはおもしろくなりますが、昔話としては破綻《はたん》をきたしてしまったのだと思うのです。

一七世紀の人ペローは、すでに均質的な時間の流れのなかに生きていましたから、中世的な時間の流れを無視してしまったのです。中世においては、時間は地域によってさまざまな流れ方をしたと考えられていました。町ごとに年のはじめが異なっていましたし、暦《こよみ》も違っていたのです。

第三章でハインペルの話のなかで触れたように、村人の時間と商人の時間とはまったく違っていたのです。ですからイバラ姫にとっては一瞬の眠りが、村人には百年であったかもしれないのです。

シンデレラの話にもどりますと、シンデレラ物語は、いろいろ語り伝えられている間に、さまざまな形に変わっています。姉たちがシンデレラの代わりに王子の妃《きさき》になりたくて、ガラスの靴に足を入れようとするのですが合わないので、足を切って入れるという話があります。これなどもあとから作りかえたものでしょう。

本来の話なら、シンデレラの靴を王子が手に入れたときに、二人が結ばれることはもうきまっていたのです。靴が何ものにも変化せずに残り、それを王子が手にしたとき、その靴というモノが二人を結ぶ絆になったからです。

ジプシーの民話から

さて、以上かんたんに二つの宇宙論に基づいて昔話の分析をしてみたのですが、ここでもうひとつ大切な点をお話ししておかなければなりません。

それは、日本でもヨーロッパでも、メルヘンとか昔話といわれているものの大部分は、じつは昔話の一部分にすぎないということです。グリム童話にみられるような昔話とは、構造がまったく異なった別種の昔話があるのです。グリム童話に代表される昔話が小宇宙から大宇宙をみた話であるとするならば、それとは別に、大宇宙のなかでつくられた昔話もあるからです。

小宇宙から大宇宙をみた昔話とは、グリム童話のように、プロップの呼ぶ贈与者として、大宇宙の妖精や霊、動植物が主人公を助けるという話です。しかし、そこでは大宇宙の超能力者についてはなんの説明もないという特徴をもっています。いわば、大宇宙の妖精や霊などは、絶対的な位置を占めているのです。

この点では、日本の昔話もだいたい同じです。柳田国男《やなぎだくにお》が分析した昔話も、グリム童話などと共通した構造をもっています。大宇宙の存在である霊や鬼などが、つねに絶対的な位置を崩してはいないのです。

しかし、ヨーロッパには差別されていたジプシーの民話が残っていますが、そこでは大宇宙の存在は、いつもジプシーにこけにされてしまう役割を割りあてられ、絶対的な位置をもっていないのです。いくつかの例をみましょう。

あるジプシーが病気になって、余命いくばくもないことを悟ったとき、女房にいいました。「俺が死んだら新しい麻布《あさぬの》ではなく、暖炉の上のかごにはいった煤《すす》けた麻布で俺をくるんで葬ってくれ」と。女房は反対しましたが、そのとおりにすると約束しました。

さて、ジプシーが死んで埋葬されると悪魔がやってきて、新入りの死人にいたずらをしようとしたのです。するとジプシーがいいました。「おや、悪魔さん、このあっしになんの用ですかい。おまちがいではないですかい。あっしは昨日今日のぽっと出とはわけが違う。去年の秋からここにいるんでさ。その証拠に、この煤けた麻布をみておくんなさい」。こういったので、まぬけな悪魔はいってしまったのです。

ここでは死後に絶対的な力をもっているかに思われた悪魔が、ジプシーにだまされてしまったのです。

あるとき、ジプシーが道端でクルミをみつけ、喜んで家にもち帰り、女房にみせ、「こんな丸々したクルミはめったにない、俺の家もこれくらいびっしり物でいっぱいだったらよいのに」といって女房に割らせました。ところが中身は虫食いでボロボロでした。

女房が怒って、「神様はお前さんの願いごとを聞いて何をしてくれたのかい」といいますと、ジプシーは、「神様はわしらジプシーのいうことなんか聞きはしないのさ、この世に生まれてこのかた、神様によびかけつづけてきたけど、いつも空《す》っ腹《きぱら》をかかえて物乞《ものご》いして歩き、昼も夜も他人様の鍬《くわ》だのシャベルだのばかり作らされているんだから」と答えたのです。

ここでは、はっきりとジプシーが神を信じていないことが語られています。小宇宙のなかにいる人間にとっては、大宇宙は神秘的なところですが、大宇宙のなかを旅して歩いているジプシーにとっては、神は仲間にすぎず、頼りになる存在ではないからです。

ある人がジプシーにたずねました。「どうして神様はお前さんたちジプシーなんかお創りになったんだろうね」。するとジプシーが答えました。「それはわしらが飲んだり、食ったり、踊ったり、眠ったりするためだね」と。

ここでも、ジプシーにとって世界は神が中心ではなく、自分たちが中心にいることが語られています。

これだけでは例は十分ではありませんが、ジプシーの民話は数多く集録されていま

木版画の「往生術」から。家族にみとられて死にかけている人に、悪魔が「財産のことを考えろ」、「友人に分けろ」とささやきかけている。

すから、やがて翻訳がたくさん出るようになれば、その構造がいかにグリム童話などと違うかもはっきりしてくることでしょう。

日本の被差別部落の民話から

本章の最後に、日本の被差別部落の民話もジプシーの民話と同じく、大宇宙のなかで生きた人びとの民話であることを示すために、ふたつだけ例をあげておきましょう。経よみ部落の話があります。

信心深く経よみに熱心な部落があって、なかには声がよいので名人と呼ばれ、あちこちの部落に招かれては経をよんでいた男がいました。この男がある日、寺の小者《こもの》に呼び出されて寺に行ってみると、寺で欠落《かけお》ち者《もの》(税などが払えなくなって村を逃げ出した農民)をかくまっていたけれども、死にそうなのでどこかへ捨ててきてくれというのです。

男はあきれて、それが仏に仕える者のすることかとなじったのですが、戸板にのせられて寺から出された欠落ち者は、やせさらばえて虫の息でした。男に抱かれてこの欠落ち者は死んだのですが、それ以来この経よみの名人は、二度と経をよまなかったのです。みなから不信心をなじられると、「大声あげて泣きわめくのが生まれながらのわしらの経じゃ」といって、いっさい経をよまなかったというのです。

被差別部落の民話には、このほかたくさん似た話がありますが、ここでは現実の寺や信仰が否定され、人間本来の自然な生き方を肯定する思想が語られています。

被差別部落はいうまでもなく、普通の村とはへだてられ差別された空間におかれていました。それは通常の村の人びとにとっては大宇宙ともいうべき空間でした。そのなかで生きていた人びとは、ひどい差別をうけながらも、じつにおおらかに生きていたのです。その例をひとつだけみましょう。

ざるにはざるを、という話です。

差別されていた被差別部落の人が町に買物に行くとき、町の商人は銭《ぜに》を受け取るのに、柄《え》をすげたざるに金を入れさせ、そのざるを井戸で水をかけて洗ってから銭箱《ぜにばこ》へ銭をいれていたのです。被差別部落の人の銭はけがれていると思われていたからです。

何百年もこのような習慣がつづいていたのですが、ある村の佐兵衛《さへえ》という男は、金物屋のおやじがさし出すざるをじっとみていましたが、自分の手の中の銭をおやじにみせ、数えさせてからいきなり銭箱の中へ放りこんだのです。おやじはあわてて銭箱のなかをみましたが、どれが被差別部落の者の銭か区別ができませんでした。仕方なく銭箱ごと井戸へもっていって洗ったのです。

次の日に佐兵衛が同じ店にくると、おやじはあわてて銭箱をかかえて佐兵衛をにらみました。佐兵衛は釘を何本か注文し、品物がそろうと、自分で作った柄つきのざるをおやじの目の前にさし出して、釘をざるに入れさせたのです。おやじがざるに釘を入れると、おやじのみている前で天水桶《てんすいおけ》へざるをつっこんで、ざぶざぶ洗って釘を洗い清めて家にもって帰ったのです。

佐兵衛のやり方はまたたく間に村中に評判となり、みなまねをしだしたのです。ところが村には与平《よへい》という頭のたりない男がいて、みながざるをもって町へ買物に行くのを聞いて、自分も塩を買いに出かけたのです。

おやじの前にざるをつき出し、塩五合おくれといったのです。与平のおもわくがよくわかったおやじは、塩をざるのなかへ入れながら、それを与平が天水桶で洗ったときどうなるのか想像して笑いをこらえていたのです。

ところが、与平が五合以上入れてもらった塩のはいったざるを、今にも天水桶につっこもうとしたときです。今まで笑いをこらえていたおやじがとたんに真顔になってはだしでとび出し、与平に抱きついて、「やめちょくれ」と大声をあげたのです。「このわしが汗水《あせみず》たらして運んだ塩じゃ、そんなもったいないまねだけはやめてくれ」と声をふるわせて叫んだのです。

与平はおやじがなんでとめたのか解らないまま、キョトンとして村へ帰ったのですが、そのときになって代金を払っていないことに気付いたのです。

この話は私がとても好きな話です。通常なら、差別された者が仕返しにざるに品物を入れさせたところで話は終わりでしょう。しかし、そこに与平が登場します。与平は頭が悪いので差別のこともあまり知らず、ただみなのまねをしたにすぎないのです。与平が塩を洗って塩がまったくなくなってしまったときの、がっかりした顔を想像してみな期待していたのですが、最後にどんでん返しがあるのです。おやじは最後になって自分が汗水たらして運んだ塩が流されてしまうことに気付いて、あわてて与平に抱きついてとめさせたのです。

ここには差別する者とされる者を超えた、人間に対するあたたかい目があります。差別と被差別を超えたところで人間に対するこのような見方が生まれるようになるのに、人間は何百年もの間差別をし、苦しまなければならなかったと思うと残念ですが、ここにも大宇宙に生きる者のおおらかさと、小宇宙に生きる者へのやさしいまなざしがあるといえるでしょう。(以上二話は田中龍雄《たなかたつお》編『被差別部落の民話』・明石《あかし》書店から)

＊一七七ページの妖精はグリム童話ではハシバミの枝となっています。

第十章

交響曲の源にある音の世界

これまで、ヨーロッパとは何かという問題を、人間と人間の関係のあり方を中心にして観察してきました。そのようなやり方しか私にはさしあたり方法がなかったからですが、もうひとつ、こうした論理や理屈でとらえたヨーロッパとは別のヨーロッパもあるのです。いわば感性でとらえたヨーロッパについて、最後にお話ししておきたいと思います。

私がはじめてヨーロッパに触れたのは修道院においてですが、そのとき修道士の服にしみこんでいた香の匂いと歌ミサのひびきが、私にとって何よりもまずヨーロッパを教えてくれるものでした。

私の父は音楽が好きだったので、家には幼いころからいろいろなレコードがありました。小学校を卒業するころには父も亡くなり、レコードもすべて失われてしまったのですが、修道院で歌ミサにあずかりながら、私は幼いころ父の部屋からもれ聞こえていた、いわゆる西洋音楽を想い出していました。キリスト教は、私には何よりもまず音楽としてはいってきたのです。

その時から長い間、私は西洋音楽からは遠い世界にいたような気がします。大学生のころは、吉祥寺のコンチェルトという喫茶店で、コーヒー一杯で何時間もさまざまなクラシック音楽を聴いていたのですが、だからといって、その音楽に私が何か問題を見いだしたわけではありませんでした。

思えば当時の私は、クラシック音楽を普遍的な音楽であるかのように聴いていたので、ただただその世界に没入していたのです。

ところが一九六九年にはじめてヨーロッパへ行ったとき、最初の一週間、私はヨーロッパに格別新しいものを感じませんでした。それはみな書物でよんだり、映画やテレビで見たりした世界で、そこに現実に自分がいるということはもちろん興奮する体験でしたが、だからといって特に新しいものを発見したという感じはありませんでした。

路上で聞くドイツ人の会話の流れは私には心地よく、駅のプラットホームでのスピーカーの声も珍しく楽しいものでしたが、それらもどこかで聞いたことがあるという感じでした。

ハンブルクに着いてから一週間ほどたったある日曜日の朝のことでした。私はヴェストファーレン州の小さな町、イザローンの狭い石畳《いしだたみ》の道を散歩していました。十月初旬でカスターニエ（西洋トチノキ）の葉があたり一面におち、その上をふんで歩く私の足音だけが両側の石壁《いしかべ》にひびいていました。

そのとき突然頭の上で大きな鐘の音がひびいたのです。それは今まで一度も聴いたことのない澄んだ音色で、しかもとてつもなく大きな音でした。驚愕《きょうがく》して足をとめた瞬間に、あちこちから鐘が鳴りはじめ、あっというまに町中が鐘の音にみたされていたのです。

私はしばらく茫然としてそこに立ちすくみ、鐘の音がしだいに小さくなってゆくのを惜しみながらじっとしていました。この時私ははじめて、日本とは異質な土地ヨーロッパへ来たのだという実感をもったのです。

この時から私はヨーロッパの鐘の音に興味をもちつづけていました。数多くの鐘が同時に鳴るあのひびきは、鐘の交響曲ともいうべきもので、日本の寺の梵鐘《ぼんしょう》のゴーンと静かに空気のなかにしみいるように鳴るあのひびきとは、同じ鐘なのに決定的に違うのです。その違いがどこからくるのかという問題を考えているなかで、私は中世の音の世界にしだいに関心を向けていったのです。

交響曲への違和感はどこからくるのか

ヨーロッパの音の特徴は、鐘の音だけにつきるものではありません。私は何度も交

9世紀のチャイム。

響曲を聴きにホールに出かけたり、辻音楽師《つじおんがくし》の演奏に耳を傾けたりしながら、何か不思議な感じがして、その不思議な感じがどこからくるのかよく解らずにいました。ヨーロッパへ出かけていったとき、私はすでに三十五歳でした。そのときの私は、東京をはなれて北の小樽の町で五年ほど過ごしたあとでした。学生時代のようにクラシック音楽に没入するような時間もなく、またその気もほとんどありませんでした。そしてドイツでクラシック音楽と再会したのです。

このとき私は、自分がかつてのようにクラシック音楽、特に交響曲に没入できないことをうすうす感じながら、それがなぜなのかはよく解らなかったのです。しばらくして、私がクラシック音楽に抱いていた小さな違和感が、特に交響曲のもっている緊密に構成されたその構造にあるらしいということが解ってきました。学生時代には、まさにその点が魅力だったのですが、なぜこのような変化が起こったのかは良く解りません。

私はなぜクラシック音楽の、特に交響曲が整然として緊密な構成をもっているのかを、素人《しろうと》ながら考えてみました。

いうまでもなく、日本の音楽の構造と決定的に異なっている点は、多声音楽を原型としてもっているという点です。ポリフォニーといわれるこの多声音楽は、日本にはほとんどない形式です。かんたんにいってしまえば、異なった音（声）が、異なったメロディーをかなでながら、全体としてひとつのハーモニーをつくり出すという点に特徴があるのです。いわば世界全体を音で再構成しようとする姿勢が交響曲にはあるように感じられたのです。

若いころは私も世界の全体を自分の目でとらえたいと強く思っていましたから、交響曲のなかに私の希望するものを見いだしていたのかもしれません。しかし現在の私には、このように世界を全体として再構成したり、とらえたりしようとする点に、多少の疑問があるのです。その疑問は個人の好みの変化の問題ですから、特にとりあげる必要はないかもしれませんが、交響曲についてはヨーロッパを理解するうえで、ヨーロッパの本質とかかわる面があるので、少し探ってみたいと思うのです。

現在の私たちは、たいていのばあい、音楽を娯楽と考えています。娯楽でない音楽があることはもちろんだれでも知っています。結婚式のときや葬式のときの音楽、あるいは国歌や校歌などは娯楽とは関係のない音楽です。中世においても同じでしたが、私たちが学校で学んできた西洋音楽は、基本的には娯楽でない別の次元から生まれたものだったのです。

現在、日本の大学の哲学科や経済学科、法学科などに音楽は主要科目としてはいっていませんし、一般教養にもはいっていないばあいが多いのですが、中世ヨーロッパにおいては、音楽は算数、幾何《きか》、天文と並ぶ四大学科の一つでした。

なぜ音楽がこのような大きな位置を占めていたのかといいますと、音楽は娯楽ではなく、世界を解釈するための思弁の一つの形と理解されていたからです。音楽こそ世界を構成する原理だったのです。音楽が世界を構成する原理であるということは、音楽がなによりもまず学問であって、これまで扱ってきた大宇宙と小宇宙、天体の運行、天文、四季の変化、肉体と精神、霊などの調和をはかり、支配するための学問だったことを意味しています。

世界は音にみちていたのです。そして音にみちた世界に調和を与えるものとして音楽があり、そのかぎりで音楽は世界の原理であると考えられていたのです。

中世都市固有の音の世界

ところで、世界はどのような音にみちていたのでしょうか。現在の私たちの世界は雑音であふれています。演奏会場へ交響曲などを聴きに行くときでも、演奏中はしわぶきひとつたてないように努力し、一楽章が終わると、みなあわててせきをしたり、鼻をかんだりします。そのつど私はとてもおかしな光景だと思うのです。交響曲は純粋に無音の、つまり雑音のない空間で演奏されなければならないかにみえるからです。

交響曲を演奏する演奏会場の外の町には雑音があふれているのに、ひとたび会場にはいると、演奏の間だけでもいっさいの雑音を排除しようとしているのです。そこには何かしら無理があるように思えるのです。現在私たちの世界にみちている雑音は、遠くを走る車や電車の音、スピーカーの声、ドアのしまる音、食堂のざわめきその他ですが、それらはみな生きてゆくうえで必要な音なのです。

マリー・シェーファーという人がつくった、「ヴァンクーバー・サウンドスケープ」というレコードを聴いたことがありますが、ヴァンクーバーの町のさまざまな音を集めて編集したもので、岸によせる波の音、酒場で騒いでいる男の声、町のざわめき、インディアンの老人の話し声などを聴いているだけで、ヴァンクーバーの町のたたずまいが耳からはいり、目に浮かんでくるようでした。

中世の町や村にはそのような雑音がなかったわけではありません。朝早く羊飼いが笛をピーッと鳴らします。すると家々の戸をおしあけて、たくさんの羊が羊飼いのところに走っていきます。首に鈴をつけた羊たちの群れがたてる音はかなりのものでした。

やがて鍛冶屋《かじや》が仕事をはじめ、大工も鑿《のみ》をふるい、靴屋が皮を裁《た》ちはじめます。その間に職人たちも仕事の歌をうたうでしょうし、乞食がやってきて物乞いをするかたわらには、ハンセン病患者が鳴子《なるこ》をならしながら歩き、やがてそれらの音を圧して市参事会堂や教会の鐘の音が鳴りひびくのです。

巡礼たちも姿をみせ、聖歌をうたい、遍歴学生も歌をうたうでしょう。そのように中世都市にも固有の音の世界があって、それなりの雰囲気をつくっていたのですが、当時の人びとはそれを雑音とは意識していませんでした。それらはみな意味をもった音だったからです。聞こえてくるひとつひとつの音がなんの音か、だれでも知っていたからです。鐘の音が何回鳴ったかによって、人びとは事件の概略をすぐに知ることができたのです。

このような音の世界は、いわば町の中や村の中の音なのですが、それは小宇宙の音といってもよいでしょう。それに対して、大宇宙の音もありました。森の木の梢《こずえ》をわたる風の音、狼の鳴き声や野獣の遠吠え、鳥のさえずり、雷鳴や豪雨の雨音、川の流れる音などですが、それらは小宇宙の音と違って、当時の人びとにとっては、その意味がはっきりとはつかめない音でした。そのかぎりで大宇宙の音は神秘的な大宇宙を体現するものでもあったのです。

人びとが大宇宙に対して抱《いだ》いた恐れは、大宇宙の音に対して抱いた恐れでもあったのです。

ポリフォニーの形成

キリスト教会は大宇宙のもつ不可思議な神秘性を否定し、世界の構造もなりたちも、神の摂理のもとにあって明快であり、人間の信仰が不十分だから世界が見えないにすぎないと説明してきました。そして二つの宇宙の考え方を捨てさせ、一つの宇宙へと一元化する努力をしたのですが、その努力はあらゆる面で進められねばなりませんでした。

異教の神々を拒否し、その神々を必要なばあいにはキリスト教に仕える者とする作業もその努力のひとつでしたが、何よりも大切だったのは、世界の原理であるはずの音の世界を一元化することでした。キリスト教会は単声音のグレゴリオ聖歌を普及させ、その歌声をヨーロッパのすみずみにまでひびかせ、伝道の効果をあげていました。ある学者は、カール大帝が軍事力によってグレゴリオ聖歌を普及させようとしたのは、フランク王国統一のための重要な手段であったといっています。

キリスト教会は当時、いっさいの俗謡《ぞくよう》を禁止しようとしたのです。芸人は楽師も含めておとしめられていましたし、特定の楽器を含めて俗謡は悪魔の音楽とされていました。それに対しては天使の音楽が対置され、教会は俗謡をできるだけ遠ざけようとしていたのです。

しかしながら都市が台頭し、貨幣経済が浸透し、人口が増加してゆく一一、二世紀のヨーロッパにおいて、グレゴリオ聖歌だけではたちうちできません。修道院のなかではもっぱらグレゴリオ聖歌によって世界のさまざまな音を一元化しようとしていたのですが、その修道院の中ですら、トロープスとかモテトウスという形で、別な声や別な音がグレゴリオ聖歌につけ加えられ、単声音にふくらみがつけられていったのです。

修道士たちはキリスト教の普及のために努力していました。彼らの日々の労働も祈りも、まさにキリスト教の普及のため、神の栄光を讃えるためでした。彼らの努力は、音にかんしてはどのような形をとってあらわれたかといいますと、世にみちているさまざまな音を一元化するということにほかなりません。

一元化の方法はいろいろありますが、グレゴリオ聖歌だけでは、音を一元化することはできなかったのです。そこで考え出されたのがポリフォニーではないかと私は考えているのです。

ポリフォニーとはすでにお話ししたように、いくつかの異なった音が同時に発せられ、あるいはいくつかの音が同時にある調和をもって演奏されるもので、多声音楽とも呼ばれています。

それは、ヨーロッパでは九世紀ごろに宗教音楽のなかで用いられはじめています。ヨーロッパ以外にもポリフォニーはありますが、ヨーロッパでは他とは比較にならないほど、組織化された形でポリフォニーが形成されていったのです。

なぜポリフォニーがヨーロッパで大きな発展をとげ、のちの交響曲にまでいたるのかという問題については、これまでにさまざまな研究があり、なかでもマックス・ヴェーバー（一八六四～一九二〇）の仕事が特に重要です。しかし二つの宇宙論を前提にして考えますと、マックス・ヴェーバーがとりあげなかった点がみえてくるのです。

音楽における二つの宇宙の一元化

ポリフォニーは、大宇宙の不思議な音をもとりこみながら、一定の調和をはかろうとする、二つの宇宙一元化の努力のなかで生まれたものだと私は考えているのです。マックス・ヴェーバーはポリフォニーの成立について、合理的な記《き》譜《ふ》法《ほう》と楽器が直接的な原因であったとして次のようにいっています。

音楽が純粋に実用的な目的に使われることから抜け出したとき、つまり純粋に美的な要求に目覚めたとき、そのときはじめて音楽の本来の合理化がはじまる。(『音楽社会学』安藤英治他訳)

この点については吟味が必要ではないかと私は考えています。マックス・ヴェーバーは、修道士には余暇があったから、暇《ひま》にあかした遊びのなかで、音楽を合理化してゆくという要求に目覚めたのだといっているのです。たとえば五線譜に書かれたメロディーを逆に歌うことはできますが、それは五線譜に書かれていなければまったく不可能なことです。実際にドミヌス Dominus (主《しゅ》)というメロディーを、ヌスミド Nusmido とうたっている五線譜があるのです。

したがって、記譜法が成立したとき、はじめて純粋に遊びとしての音楽が可能になったのだというヴェーバーの考え方には、注目する必要があります。しかし修道士たちのなかで、何人かはそのような遊びとして音楽を考えた人もいたと想像することは不可能ではありませんが、私たちはその遊びすら、修道士たちが全体として追求していたある使命の枠のなかではじめて営まれたのだということを忘れてはならないのです。彼らは共同生活を営みながら、キリスト教の教義に基づく宇宙の一元化のために、日々努力を重ねていたからです。

日常生活の喜怒哀楽のなかで生まれ、これらを表現している世俗の音楽や大宇宙の音を、一定の音の調和のなかにとりこむことによって、キリスト教化は音の次元でも進められたのですが、大宇宙の音をとりこむために、多声音楽ポリフォニーが成立したと考えることもできるのではないかと私は考えているのです。

すでに八六〇年ごろに『音楽提要』のなかである著者は、「古代の作家の作品によると、異なった音が同時に調和し発せられる数的比率は、人間の生き方、人体の動き、そして宇宙の調和を決定する」といっています。ポリフォニーのほうが、モノフォニー（単声音楽）よりも宇宙の調和のイメージに合っているといっているのです。

二つの宇宙を一元化しようとする姿勢のなかで生まれたポリフォニーは、のちに交響曲を生む基本原理となっていきました。二つの宇宙を一元化するということはたいへんむずかしいことで、ヨーロッパは公的な次元ではそれに成功しましたが、日常生活の次元、つまり具体的なモノや感性の次元では、一元化にいまだ成功してはいないのです。

音の次元では一九世紀にいたるまで、交響曲を通して一元化の特異な努力がつづけられていたのです。

私たちは一元化されない二つの宇宙を、いろいろな面でかなり残した日本という世界に住んでいます。そのために、一元化された形を音で示した交響曲にとてもひかれるのですが、私たちの感性の深いところでは、そこからもれておちてしまう部分がかなり多いことにも気付いています。そのために交響曲にひかれながらも、そこに小さな違和感を感じるのではないかと考えているのです。

交響曲の歴史には、このほかにいろいろな展開がありますから、以上のような形でとらえるだけでは不十分なのですが、私たちは交響曲のなかに、ヨーロッパ文明の本質をみることができるでしょう。映画の「フィッツカラルド」では、アマゾン川の奥地にオペラ劇場をつくろうとする男の執念が描かれています。あれはまさに、ヨーロッパの世界進出のもっとも美しい、しかし滑稽な部分を描いたものではないかと私は考えています。

交響曲に代表されるヨーロッパは、私たちをひきつけてやみません。しかし、ひきつけられながらも、私たちは高村光太郎のように、小さな違和感を感じつづけています。この違和感は、他の文化を理解しようとするときに大切なものです。この違和感を大切にしながら、他の文化を理解する努力を、今後もつづけていかなければならないでしょう。

あとがき

私が歴史研究の道にはいるきっかけと、その後の経過をまとめると以上のようになります。上原先生やその他数名の方々との出会いのなかで、私の研究の道はきまってきたように思うのですが、研究の基本線はすべて自分のなかから出てきた問題であったように思います。

結局は自分と周囲との関係をどのように理解してゆくか、そのなかでどのように行動してゆくかという問題からはじまって、私の研究はヨーロッパ中世にまで広がっていったのでした。

周囲との関係のなかには、人との関係だけでなく、私が育った町や土地、そこの風景や動植物も含まれています。この書物では触れられませんでしたが、以上のほかに、絵画についても考えてきました。

また、歴史叙述とはいったい何かという問題も私の頭のなかには常にありました。歴史叙述がなぜおもしろくなければならないのか、この問いを少し学問的にいいますと、歴史叙述はなぜ物語としての構造をもたなければならないとされているのか、という問いになります。

こうした問題が現在の私が当面していることです。そのほかにも、人間と人間の関係のなかで私が扱ってこなかった問題があります。それは男と女の関係であり、子どもの問題です。子どもの問題については、かつて学部の学生二人を相手にしたゼミナールを公開し、書物にしたことがありますが、男女の関係の問題についてはいまだ研究の緒《ちょ》についたばかりといった状況です。

まだ研究途上にある者として、自分の研究をふり返る暇はないのですが、若い学生諸君に歴史学とは何かという問題について語ろうとすると、私には歴史学のあり方を客観的に叙述し、描写することはできないのです。私にとって歴史学はこのようなものでしたと語る以外の方法はないのです。なぜなら、私にとって歴史は自分の内面に対応する何かなのであって、自分の内奥《ないおう》と呼応しない歴史を私は理解することはできないからです。

したがって、本書は私の理解したかぎりでの歴史研究という、きわめて狭い範囲のものであることをお断りしておきたいと思います。

小さな書物ですが、本書が生まれるきっかけをつくってくださった土器屋泰子さんには前著にひきつづいてお世話になりました。

一九八七年十一月

阿部謹也

解説「ヨーロッパ中世世界」との出会い――小樽での会話から

山内　進

本書の著者は一橋大学で西洋社会史を長年にわたって教え、同大学の学長も務めた歴史家である。対象はおおむね西洋中世で、社会史という新しい分野を切り開き、日本史を含む歴史研究者たちに大きな影響を与え続けたことで有名である。また、『ハーメルンの笛吹き男――伝説とその世界』(ちくま文庫)をはじめとする一連の著作活動で、専門的歴史家だけでなく一般読書家にもあまねく名を知られ、次々と書かれる作品は広く社会に浸透していった。

西洋中世史が一般の日本人にとってはあまり興味の湧く分野ではないうえ、著者の一連の著作もまた歴史小説ではなく、明確に学問的なものであったことを思うと、これは驚くべきことといえるだろう。なぜその著作は広く読まれたのだろうか。なぜ著者はそのような作品を書くことができたのだろうか。この問いに答える手がかりをわれわれに与えてくれるのが本書である。

本書の第一章は、「上原専禄先生を訪ねた日のこと」から始まっている。上原専禄はやはり戦中から戦後を代表するといってもよい優れた西洋史学者で、著者のゼミナール

（演習）の先生である。ゼミナールを選ぶために著者がわざわざ自宅まで会いに行ったこと、また「先生」が実に真剣に彼に向き合ってくれたこと、そして卒業論文に何を書くかをめぐる著者の問いとそれをめぐる禅問答的ともいえる「先生」の答えが示されている。

その答えは「それをやらなければ生きてゆけないというテーマを探すのですね」というものであった。自分であれば、この禅問答にどのような解釈を示すであろうか、そう自問しつつ読んでみるのもよいだろう。

話は少しそれるが、私もいささか似たような経験をしたことがある。その相手は、実は本書の著者である。私の場合は、ゼミナールではない。母校は同じだが、私が会ったとき著者は、本書にも出てくる小樽商科大学の助教授であった。しかし、私はぜひ会いたいと思っていた。

私は小樽の生まれで、小樽商科大学に入学した優秀な友人を何人か知っていたが、帰省するたびにみな口をそろえて「阿部謹也はすばらしい、アベキンは凄い」と言うので興味をもっていたし、大学院に進学して最初に手がけることにしたオットー・ヒンツェというドイツの歴史学者の作品をその「アベキン」が翻訳していたからである。私は手紙を出し、「会う」という返事をすぐに受け取った。一九七二年の夏のことであった。

北国の小樽とはいえ、さすがに暑い日だったのをいまでも覚えている。私は小樽商科大学に通ずる地獄坂という長い坂を、かなり緊張しながら、汗をふきながら歩いていた。涼しい校舎のなかに入って少しほっとしてから、研究室にお邪魔した。ドアをあけて部屋に入ると、眼鏡越しに目が輝いている、髪が少し薄くていかにも知的な感じのする小柄な人物が私を迎えてくれた。阿部謹也先生だった（私は後に同じ大学で働き、いつも阿部先生と呼んでいたので、そう記すことをお許しいただきたい）。

私にとって、この出会いは衝撃的だった。なにが衝撃的だったのかはうまくいえない。そのとき、私は阿部先生から、本書に記されているような歴史観を聞いた。それはたいへん印象的だった。しかし、いま思うと、言葉そのものよりも、語られた言葉の力に、言葉に込められた思いとその深さにうたれたような気がする。

とくに私にとって次の言葉は忘れられないものとなった。「オットー・ヒンツェは四十歳になるまでほとんど論文を書いていません。その間、プロイセン史の史料編纂に取り組み、目が悪くなるほどその仕事に没頭しました。ヒンツェはじっと力を貯え、考えていたんですね。四十歳を前後する頃から、ヒンツェは猛烈に論文を書き始めました。それが高く評価されて、彼はベルリン大学の歴史学の教授になりました。四十歳まではいいんですよ。すぐに格好の整った論文を書く必要はありません。本当にしなければならない仕事をするための準備をすることが大切です」。

阿部謹也先生は、初対面の私に、真の研究者となるための心構えを教えてくれたように思う。残念なことに、私はそのよい例とはなれなかったが、ここで紹介しておきたい、含蓄のある言葉である。もっとも、阿部先生はこのとき自分のことを語っていたのかもしれない。

私が会ったとき、先生はまだ無名に近かった。ドイツ騎士修道会に関する論文はいくつも書いていたが、それは格好の整った作品というよりも、緻密で精力的な基礎作業に近いものであった。しかし、このとき、阿部謹也先生は本書第四章で記されているドイツ留学から帰ったたばかりで、それまでの研究成果をドイツ語と日本語でまとめ、公刊も間近という状態にあった。Die Komturei Osterode des Deutschen Ordens in Preussen 1341-1525 (Köln; Berlin, 1972) と『ドイツ中世後期の世界　ドイツ騎士修道会史の研究』(未來社、一九七四年) がそれである。

だから、それなりの達成感と自信があったに違いない。もっとも、「本当にしなければならない仕事」ということに関していえば、また別のことが頭にあったかもしれない。「ハーメルンの笛吹き男」である。

小樽での何時間にも及ぶ話のなかでもっとも印象に残ったのは、「ハーメルンの笛吹き男」に関するものだった。内容は本書の第五章にでてくるものとほぼ同じだった。着想が見事で、展開は推理小説のようにスリリングだった。しかも、歴史の深層に迫るものだ。私はそう感じた。「岩波の『思想』編集部に友人がいて、この話をしたところ、ぜひ書けというので書きました。原稿は渡しましたから、もうすぐ出ます」。阿部謹也先生がそう語るのを耳にしながら、これは歴史研究の革新になるのではないか、という予感に私はとらわれていた。

『思想』十一月号に「ハーメルンの笛吹き男伝説」が掲載されたのは、その三カ月ほど後のことだった。これがきっかけとなって、『ハーメルンの笛吹き男——伝説とその世界』(平凡社)が一九七四年に出版された。この本はベストセラーとなり、小樽にいた無名の歴史学者の名を一躍、日本全国に轟かせることになった。

それだけではない。学問的にも社会史という分野に大きな関心が向けられ、社会史ブームという現象すら生まれることになった。著者は、その開拓者また推進者として、その後サントリー学芸賞を得た『中世を旅する人びと——ヨーロッパ庶民生活点描』(平凡社、一九七九年)、大仏次郎賞を得た『中世の窓から』(朝日新聞社、一九八一年)をはじめとして、膨大ともいえる多くの作品を次から次へと発表していった。

日本の多くの読者が受け入れたのは、著者のこの一連の社会史的研究である。『中世を旅する人びと』も『中世の窓から』も中世ヨーロッパの庶民の考え方や生き方に焦点をあてたもので、アカデミズムの抽象的な封建制論とか身分制論などと違い、身近に感じることができるものだった。

しかしそれは、おそらく人々をひきつけたもっとも大きな理由ではないだろう。人々の心をとらえたのは、それが人間関係のありかたに深く迫る内実を有していたからである。対象は中世ヨーロッパで、そのあり方を実に細やかに示しているが、その根底には近代世界を支配したヨーロッパと、いやおうなくそのヨーロッパと向き合わざるを得なかった近・現代日本とそこに生きている「自分」という問題への強烈な関心があった。人々はそこに、「自分」と深く関わる何かを強く感じたのである。

日本にはこれまで多くの優れた西洋史研究者がいた。しかし、「自分のなかに歴史をよむ」ということを阿部謹也先生ほど重視した歴史家はいないだろう。自分にとって「それをやらなければ生きてゆけない」というほどのテーマを発見することは、実はきわめて難しい。「四十歳まではいいんですよ」という言葉は、その難しさを体験し、苦しみ抜き、そして克服したから出てきたともいえる。

阿部先生にとってドイツ騎士修道会の研究は、たしかにそうなり得るようなテーマだったに違いない。だが、先生がそのことを確信したのは、おそらくドイツの文書館でその地域に「ハーメルンの笛吹き男に率いられた子どもたちが入植した可能性がある」との一文を読み、直ちにハーメルンに出かけ、資料や論文を夢中になって読み漁った数日間あるいは数週間のことだと私は思う。

阿部謹也先生は、本書で、子ども時代に修道院にいたときのことを書いている。そのなかに、修道女が「蛇は悪魔なのだから殺していいのよ」といって蛇を追いかけまわし、たたき殺したという記述がある。そのときに感じた違和感。この違和感は何なのか、という問いが著者をドイツ騎士修道会の研究、その根底にあるものへの探求へと導いたように、私には思えてならない。その答えの一端として、本書第九章はその修道女について「あの人もキリスト教のこのような教義の犠牲者だったのだなと、今になって思うのです」と記している。

キリスト教がヨーロッパの人間関係を根底から変えたということである。ドイツ騎士修道会はその変化の象徴ともいえるものであった。それは武力を用いて、異教の世界をキリスト教の世界に変換していくための宗教的軍事集団であった。だが、それほど極端かつ劇的ではなくても、キリスト教はすでに教会や本来の修道会を通じて、異教性を色濃く残していた前ヨーロッパともいえる世界を真にキリスト教的なもの、ヨーロッパへと変換する作業を進め、それに成功していた。

にもかかわらず、ヨーロッパ社会の根底には、それとは違う異教的、ゲルマン的自然観や世界観もなお存在していた。異教世界のキリスト教化を推進したドイツ騎士修道会の研究のなかで、阿部先生は異教世界とキリスト教世界の境界に存在する「ハーメルンの笛吹き男」を発見し、それを通じて二つの世界の意味、現代にまで貫通するその歴史的意味に焦点を定めることになったのである。

阿部謹也先生の社会史研究は、キリスト教とは別に存在する世界、そこで織り成される人と人との関係、心と心の係わり合い、そして新しい精神世界との軋轢や葛藤への飽くことのない探求だった。多くの人々に受け入れられた理由もまたそこにあったように思える。日本人にとってもまた、その一連の研究で示された庶民の生活は自分たちの心のふるさとを思わせるものがあったからである。

一九七〇年代、八〇年代の日本人は、高度成長、日本社会の急激な近代化に疑念をもち始めていた。人間環境全体が壊れかかっている。近代化と都市化に伴い人間関係は無機化し、温かい心の交流が家族や隣人の間から失われつつある。自然は本当に人間のためにあり、ただ克服される存在なのか。そのような考えが環境破壊に通ずるのではないか。人々はそう感じ、それに疑問を覚えていた。阿部先生の著作は、この疑問にあざやかに応答するものだった。それは、近・現代日本に生きる「自分」のなかに「歴史をよむ」という独自の方法と、その徹底した実践によって初めて可能となったものであった。

私はいま「独自の方法」と記した。「自分のなかに歴史をよむ」という言葉遣いや歴史研究の方法、そしてその徹底した実践は、「阿部謹也」という独自の個性と才能以外からは生まれようがなかったのではないだろうか。その意味で、本書の最大の長所はこのタイトルそのものにあるとすらいえる。本書はもともと中高校生向きに書かれたものであった。したがって、本書は中高校生のために自分が本当に伝えたいことを書くという姿勢に貫かれている。読みやすく、内容のある作品である。

本書は一九八八年三月、筑摩書房より刊行された。

ちくま文庫

自分《じぶん》のなかに歴史《れきし》をよむ

二〇〇七年九月十日　第一刷発行

著　者　阿部謹也（あべ・きんや）

発行者　菊池明郎

発行所　株式会社　筑摩書房

東京都台東区蔵前二―五―三　〒一一一―八七五五

振替〇〇一六〇―八―四一二三

装幀者　安野光雅

印刷所　三松堂印刷株式会社

製本所　株式会社積信堂

乱丁・落丁本の場合は、左記宛に御送付下さい。
送料小社負担でお取り替えいたします。
ご注文・お問い合わせも左記へお願いします。
筑摩書房サービスセンター
埼玉県さいたま市北区櫛引町二―六〇四　〒三三一―八五〇七
電話番号　〇四八―六五一―〇〇五三

ISBN978-4-480-42372-6 C0120